思想的・睿智的・獨見的

經典名著文庫

學術評議

丘為君　吳惠林　宋鎮照　林玉体　邱燮友
洪漢鼎　孫效智　秦夢群　高明士　高宣揚
張光宇　張炳陽　陳秀蓉　陳思賢　陳清秀
陳鼓應　曾永義　黃光國　黃光雄　黃昆輝
黃政傑　楊維哲　葉海煙　葉國良　廖達琪
劉滄龍　黎建球　盧美貴　薛化元　謝宗林
簡成熙　顏厥安（以姓氏筆畫排序）

策劃　楊榮川

五南圖書出版公司 印行

經典名著文庫

學術評議者簡介（依姓氏筆畫排序）

- 丘為君　美國俄亥俄州立大學歷史研究所博士
- 吳惠林　美國芝加哥大學經濟系訪問研究、臺灣大學經濟系博士
- 宋鎮照　美國佛羅里達大學社會學博士
- 林玉体　美國愛荷華大學哲學博士
- 邱燮友　國立臺灣師範大學國文研究所文學碩士
- 洪漢鼎　德國杜塞爾多夫大學榮譽博士
- 孫效智　德國慕尼黑哲學院哲學博士
- 秦夢群　美國麥迪遜威斯康辛大學博士
- 高明士　日本東京大學歷史學博士
- 高宣揚　巴黎第一大學哲學系博士
- 張光宇　美國加州大學柏克萊校區語言學博士
- 張炳陽　國立臺灣大學哲學研究所博士
- 陳秀蓉　國立臺灣大學理學院心理學研究所臨床心理學組博士
- 陳思賢　美國約翰霍普金斯大學政治學博士
- 陳清秀　美國喬治城大學訪問研究、臺灣大學法學博士
- 陳鼓應　國立臺灣大學哲學研究所
- 曾永義　國家文學博士、中央研究院院士
- 黃光國　美國夏威夷大學社會心理學博士
- 黃光雄　國家教育學博士
- 黃昆輝　美國北科羅拉多州立大學博士
- 黃政傑　美國麥迪遜威斯康辛大學博士
- 楊維哲　美國普林斯頓大學數學博士
- 葉海煙　私立輔仁大學哲學研究所博士
- 葉國良　國立臺灣大學中文所博士
- 廖達琪　美國密西根大學政治學博士
- 劉滄龍　德國柏林洪堡大學哲學博士
- 黎建球　私立輔仁大學哲學研究所博士
- 盧美貴　國立臺灣師範大學教育學博士
- 薛化元　國立臺灣大學歷史學系博士
- 謝宗林　美國聖路易華盛頓大學經濟研究所博士候選人
- 簡成熙　國立高雄師範大學教育研究所博士
- 顏厥安　德國慕尼黑大學法學博士

經典名著文庫106

社會契約論

Du contrat social ou Principes du droit politique

讓-雅克・盧梭 著
(Jean-Jacques Rousseau)
李平漚 譯 / 葉浩 導讀

經典永恆・名著常在

五十週年的獻禮・「經典名著文庫」出版緣起

總策劃 楊榮川

五南，五十年了。半個世紀，人生旅程的一大半，我們走過來了。不敢說有多大成就，至少沒有凋零。

五南忝爲學術出版的一員，在大專教材、學術專著、知識讀本出版已逾壹萬參仟種之後，面對著當今圖書界媚俗的追逐、淺碟化的內容以及碎片化的資訊圖景當中，我們思索著：邁向百年的未來歷程裡，我們能爲知識界、文化學術界做些什麼？在速食文化的生態下，有什麼值得讓人雋永品味的？

歷代經典．當今名著，經過時間的洗禮，千錘百鍊，流傳至今，光芒耀人；不僅使我們能領悟前人的智慧，同時也增深我們思考的深度與視野。十九世紀唯意志論開創者叔本華，在其〈論閱讀和書籍〉文中指出：「對任何時代所謂的暢銷書要持謹慎的態度。」他覺得讀書應該精挑細選，把時間用來閱讀那些「古今中外的偉大人物的著作」，閱讀那些「站在人類之巔的著作及享受不朽聲譽的人們的作品」。閱讀就要「讀原著」，是他的體悟。他甚至認爲，閱讀經典原著，勝過於親炙教誨。他說：

「一個人的著作是這個人的思想菁華。所以，儘管一個人具有偉大的思想能力，但閱讀這個人的著作總會比與這個人的交往獲得更多的內容。就最重要的方面而言，閱讀這些著作的確可以取代，甚至遠遠超過與這個人的近身交往。」

爲什麼？原因正在於這些著作正是他思想的完整呈現，是他所有的思考、研究和學習的結果；而與這個人的交往卻是片斷的、支離的、隨機的。何況，想與之交談，如今時空，只能徒呼負負，空留神往而已。

三十歲就當芝加哥大學校長、四十六歲榮任名譽校長的赫欽斯（Robert M. Hutchins, 1899-1977），是力倡人文教育的大師。「教育要教眞理」，是其名言，強調「經典就是人文教育最佳的方式」。他認爲：

「西方學術思想傳遞下來的永恆學識，即那些不因時代變遷而有所減損其價值的古代經典及現代名著，乃是眞正的文化菁華所在。」

這些經典在一定程度上代表西方文明發展的軌跡，故而他爲大學擬訂了從柏拉圖的《理想國》，以至愛因斯坦的《相對論》，構成著名的「大學百本經典名著課程」。成爲大學通識教育課程的典範。

歷代經典．當今名著，超越了時空，價值永恆。五南跟業界一樣，過去已偶有引進，但都未系統化的完整舖陳。我們決心投入巨資，有計畫的系統梳選，成立「經典名著文庫」，希望收入古今中外思想性的、充滿睿智與獨見的經典、名著，包括：

- 歷經千百年的時間洗禮，依然耀明的著作。遠溯二千三百年前，亞里斯多德的《尼各馬科倫理學》、柏拉圖的《理想國》，還有奧古斯丁的《懺悔錄》。
- 聲震寰宇、澤流遐裔的著作。西方哲學不用說，東方哲學中，我國的孔孟、老莊哲學，古印度毗耶娑（Vyāsa）的《薄伽梵歌》、日本鈴木大拙的《禪與心理分析》，都不缺漏。
- 成就一家之言，獨領風騷之名著。諸如伽森狄（Pierre Gassendi）與笛卡兒論戰的《對笛卡兒沉思錄的詰難》、達爾文（Darwin）的《物種起源》、米塞斯（Mises）的《人的行爲》，以至當今印度獲得諾貝爾經濟學獎阿馬蒂亞・森（Amartya Sen）的《貧困與饑荒》，及法國當代的哲學家及漢學家余蓮（François Jullien）的《功效論》。

梳選的書目已超過七百種，初期計劃首爲三百種。先從思想性的經典開始，漸次及於專業性的論著。「江山代有才人出，各領風騷數百年」，這是一項理想性的、永續性的巨大出版工程。不在意讀者的眾寡，只考慮它的學術價值，力求完整展現先哲思想的軌跡。雖然不符合商業經營模式的考量，但只要能爲知識界開啟一片智慧之窗，營造一座百花綻放的世界文明公園，任君遨遊、取菁吸蜜、嘉惠學子，於願足矣！

最後，要感謝學界的支持與熱心參與。擔任「學術評議」的專家，義務的提供建言；各書「導讀」的撰寫者，不計代價地導引讀者進入堂奧；而著譯者日以繼夜，伏案疾書，更是辛苦，感謝你們。也期待熱心文化傳承的智者參與耕耘，共同經營這座「世界文明公園」。如能得到廣大讀者的共鳴與滋潤，那麼經典永恆，名著常在。就不是夢想了！

二〇一七年八月一日 於

五南圖書出版公司

換上另一套「枷鎖」來跳現代文明的自由舞曲？

——盧梭的《社會契約論》導讀

國立政治大學政治學系副教授　葉浩

既然沒人有支配其同類的天然權力，而且暴力並不能產生權利，那麼契約便是人與人之間正當權力的基礎了。

——盧梭，《論人類不平等的起源》

一、前言：關於本書的三個閱讀脈絡

一七四九年夏季，法國啓蒙運動思想家狄德羅（Dennis Diderot, 1713-1784）因爲公開懷疑上帝的存在而被囚禁於凡森城堡（Château de Vincennes，巴黎古監獄）之中，當時還是他好友的本書作者盧梭（Jean-Jacques Rousseau, 1712-1778）某天在步行前往探視的途中，看到了狄戎學院

（Academy of Dijon）的有獎徵文比賽廣告，題目是：「科學與藝術的重建是否助長了道德的淨化？」如果他那本檢討別人比自己還多的《懺悔錄》（*Les Confessions*, 1770）所言屬實，這是他人生最重要的轉捩點[1]。在此之前，盧梭做過不少荒唐事，包括棄養了三個親生孩子（之後還有兩個），但他心中不曾懷疑過自己的善良以及回歸純眞的可能性。刹那之間，他先是千頭萬緒，然後靈光乍現，意識到了人是天生善良的，而變壞全是社會制度使然。一七六二年，盧梭的《社會契約論》（*Du Contrat Social*, 1762；以下簡稱《社約論》）正式出版，隨後他寫了一封信給巴黎大主教波蒙（Christophe de Beaumont, 1703-1781），不僅信誓旦旦地說，本書提出的理論可用以解決日內瓦的憲政危機，也再次強調人性本善乃所有道德的根基，並說那是貫穿他所有著作的核心信念。

日內瓦是盧梭的故鄉，而本書不但讓盧梭得以和現代西方政治哲學奠定者霍布斯（Thomas Hobbes, 1588-1679）以及開創了西方自由主義（liberalism）政治思想的洛克（John Locke, 1632-1704）平起平坐，《社約論》也從此和他們分別撰寫的《利維坦》（*Leviathan*, 1651）和《政府論》（*Two Treaties of Government*, 1689）並列爲「契約論」（contractarianism）政治思想傳統的三大經典著作之一，對日後的「憲政」與「民主」之理論發展與政治實踐，影響甚巨。

契約論作爲一種論證方式，結構上包括了底下四個元素組成之推論：（一）關於人類進入

[1] 盧梭，《懺悔錄》，臺北：五南圖書，二〇一八，頁四七〇—四七一。

社會之前的「自然狀態」（state of nature）之描繪，（二）解釋人們欲離開那狀態的根本理由，（三）列舉人們藉以離開的「社會契約」之內容項目，以及（四）據此所提出的一套政治制度。

以上四個元素整體構成了一個獨特的論證方式，並以一個關於人們何以離開自然狀態的邏輯貫穿其中，一方面說明政治社會的基礎與根本樣貌，另一方面藉此確立人民與政府的應有關係，以及國家體制將如何維繫。由於契約論預設了政治權威之基礎在於被統治者的自主意願，且政府的統治正當性取決於能否提供人民特定的保障，此一論證方式本身足以威脅到前現代的「君權神授」之說或其他不在契約關係基礎上的國家。因此，在盧梭撰寫本書之前，契約論已在理論與實踐上挑戰並某程度上形塑了現代政治的發展。

當然，偉大政治思想家的過人之處在於提出一個既能回應自身時代所需，又具有普世意義的理論。霍布斯書寫《利維坦》時英國正處內戰，思索政治權威如何建立、維持和避免戰亂是時代的必要，而洛克的《政府論》某種程度上已針對正在生根的民主制度提出反思，且如火如荼進行中的北美洲殖民也需要一套能賦予擴張行動正當性的論述。及至盧梭開始構思本書的十八世紀中葉，契約論已是歐洲許多思想家所熟知並參與爭辯的政治思想傳統，因此有不同於英國契約論的關懷脈絡。

商業社會（civil society）和新興中產階級的崛起，是本書寫作的主要歷史脈絡特徵。方興未艾的啟蒙運動不僅提倡線性的進步史觀，相信科學與理性會獲得最終的歷史勝利，其推動者也見證了伴隨中產階級興起而來的消費文化和通俗娛樂。雖然這或許更應該歸功於盧梭的蘇格蘭友人哲學家休謨（David Hume, 1711-1776）和亞當・史密斯（Adam Smith, 1723-1790）兩人分別倡議的自由貿易和市場自由，以及提倡炫耀性消費的盧梭勁敵，亦即法國啓蒙運動大將伏爾泰（Voltaire, 1694-1778），但英國契約論高舉的個人權利以及獨特的國家概念，也是動力之一。開始爭取個人權益的政治思想正在劇烈改變人民與政府之間的關係，同時也撼動著現代社會的凝聚基礎。

另一方面，正如他在序言中提及《社約論》原是另一個大型寫作計畫的一部分。其構思始於一七四三年當作者被派駐在維也納，擔任法國大使祕書的期間，當時他企圖完成的是一個完整的政治制度設計。該計畫並不順利，但盧梭似乎並未真的放棄，而本書內容基本上是作者取材於此間的手稿所編寫而成。

未收錄於當中的其他手稿，其實有一部分也進了一七五五年出版的《論人類不平等的起源》（*Discours sur l'origine et les fondements de l'inégalité parmi les homes*），以及同年撰寫關於政治經濟學的文章。前者基本上是盧梭對自然狀態最詳盡的描述，而關於人類曾經如何自由但後來卻活在層層枷鎖當中，以及進入社會之後的種種契約又如何讓人淪爲奴隸的部分，亦是理解《社約論》所不可或缺的文本。至於三年後以《論政治經濟》（*Discours sur l'économie politique*）專書出版的後者，不但盧梭政治思想體系儼然成形，更可見本書當中至關重要的「公共意志」概念。此外，關於人性本善最詳盡的說法，則是在那本與《社約論》出版時間相距一個多月的《愛彌兒》（*Émile, ou De l'éducation*, 1762）當中，其主旨爲教育，而《社約論》的核心就是該書的政治教育綱要。

本文以盧梭人生轉捩點的頓悟爲線索，在兼顧上述契約論思想傳統的發展和中產階級崛起這兩個歷史脈絡同時，以及他本人對「重拾純眞」這命題的看重，提供一個如何閱讀《社約論》的方向。

二、盧梭論天然自由與新自然狀態

無疑，盧梭的思想既反映生命經歷，也回應時代變遷。頓悟只是確立問題的開始，而本書才是他思索十年所提的因應之道，其要旨正如底下這段話：

> 「問題是在找出一種結社（association）的方式，能以共同的力量來捍衛並保護每一個成員及其財產，並讓每一個人在完全與整體合一的同時，不僅只服從於自己，且跟過去一樣地自由。」這是社會契約所給予解決的根本問題。

首先讓我們聚焦於此一段話爲核心，特別是「跟過去一樣地自由」這想法之上，來掌握盧梭的問題意識。關鍵在於，既然社會契約作爲一種解決方案，是爲了建立一個和過去同樣自由的社會，那麼：（一）究竟是什麼樣的一種自由？（二）爲何唯有社會契約才能恢復或重建那一種自由？

盧梭在本書提出的「天然自由」（natural liberty），是問題（一）的簡答，但申論則在《論人類不平等的起源》關於人類演化史的論述當中，據其臆測：

> 漫遊在森林的原始人，他無須工作、無須談話、居無定所、不與人爭、不與人交、不需同類，也無意加害他們，甚至可能從來也不曾認識哪一個個別的人。他僅受制於很少的熱情，因此是自足的，並僅具備在自然狀態中所需的感覺與啓發，感受眞正的需求……藝術隨著發明者而消失，既沒有教育，也沒有進步可言。[2]

倘若此一描繪爲眞，尚未進入社會以前的「自然人」雖然過著未開化的生活，也沒有人際關係的牽絆，看似野蠻卻反而有不依賴他人的獨立、自足堪稱高貴的自由。

不可否認，他們也無處不在危險當中，因此必須靠本能來生存，也具備求生本能。盧梭稱那是所有動物共有的「自保之愛」（l'amour de soi），但人之所以爲人，乃因對同類的受苦亦能感同身受，或至少會產生一種強烈的反感。天生憐憫心不僅能讓人互認彼此異於禽獸，從而以「平等」方式相待，其運作也足以克制原始的攻擊性並避免戰爭，發揮一種道德與法律之於社會的規範功能。如此一來，自然狀態並非霍布斯筆下那個人人彼此交戰，過著「孤獨、貧困、齷齪、殘暴、短命」的慘況，而是一個人人平等、自由，幾近烏托邦的自然狀態。

不僅如此，盧梭強調此時的自保之愛絕不同於唯有在複雜人際關係當中才會浮現的「自重之愛」（l'amour proper）。那是一種與他人比較的心理，爲的是想從他人的角度來確認自我價值，

[2] 盧梭，《德性墮落與不平等的起源》，臺北：聯經出版社，二〇一五，頁二五七。

或從他人的羨慕眼光來提升自尊。看在盧梭眼裡，那是一種墮落。原本的高貴野蠻人將從此喪失獨立性並開始依賴他人，然後跌入一種永劫不復的爭奪、嫉妒、怨恨之循環當中。

這說法的另一面是：霍布斯的理論根本倒果爲因。他藉以說明戰爭必然性的自利、虛榮、聲名等動機乃社會產物，絕不可能出現於社會化以前的原始狀態。於是，盧梭意有所指地說，過往契約論者在「論及需求、貪婪、壓迫、欲望與傲慢的同時，已經把存在於社會當中的概念轉移到自然狀態中，他們談論野蠻人，想的卻是文明人」。[3]

除此之外，盧梭也批評了霍布斯主張的出走邏輯。該邏輯基本上假定：政治權威的闕如等同沒有實際約束人們彼此行爲的規範力量，所以人們會「自由」地爲了生存而不擇手段，包括奪人性命，而且因爲所有人都處於同樣情境，且能威脅他人的生命，全都「平等」。當然，他們並非喪失理性，只不過理性會告誡自己，在缺乏保障底下去服從自然法，等同開自己生命的玩笑。於是，不堪其苦的人們將會決定集體放下武裝來締約成立社會，然後將原先的權利讓渡給一人當做主權者，從此以守法來換取安全。

對此，盧梭提出了兩個反駁。首先，社會在「歷史上」的眞正起源其實是一連串漫長的演變過程，而非誕生於特定時間點的契約關係，更不是霍布斯所設想一群人當中每個人和每個人彼此簽約而成。亦或，如果眞有那麼一刻，盧梭認爲那應該是當一個人圈起了一塊土地並宣稱「這是

[3] 盧梭，《德性墮落與不平等的起源》，臺北：聯經出版社，二〇一五，頁二二六—二二七。

我的」，而竟然也有人單純到信以爲眞的時候。當然，這樣的「公民社會始祖」會不只一個，且這種同意也不是契約關係，而是正在慢慢成立制度的一種互動。更重要的是，盧梭也說，倘若此時有人大聲疾呼：

「注意聽這個騙子所說的，若是你們忘記了樹上果子是大家的，大地不屬於任何特定的人，你們將全盤皆輸」，那麼所有發生在人類的罪行、戰爭與謀殺，以及悲慘和恐怖都能避免。[4]

不幸的是，沒有人這麼做。其他人不但信以爲眞，甚至還紛紛仿效。於是世界有了私有財產概念，之後催生了保障財產的法律，不僅承認了私有財產權，更以政治權威來保障了，從而演變成一個有法律規範的社會，其功能是：

給了弱者新的絆繩，又給了富人新的力量，卻不回頭地破壞了天然自由，永遠設定了財產與不平等的法律，一個精緻的霸占變成了一種無可挽回的權利。從這時開始，爲了一些有野心

[4] 盧梭，《德性墮落與不平等的起源》，臺北：聯經出版社，二〇一五，頁二六一。

的人利益，將所有的人類至於勞動、服侍與悲慘的情境之中。[5]

盧梭強調，原始人根本沒有「原則上」必須走出自然狀態的理由。他們的自保並不妨礙他人，方式也平和。反之，自重之愛卻一步步替人類套上了心靈與制度的枷鎖，直到社會最終成了所有人和所有人戰爭的「新自然狀態」[6]，人才眞的非離開不可！

三、從英國契約論邁向一個「規範性」契約概念

以上對霍布斯的批評翻轉了契約論的基本邏輯。並非因自然狀態讓人苦不堪言，才選擇出走，而是原始狀態下某些人的自愛墮落成自重之愛，才讓自然的烏托邦變成人爲的失樂園，並美其名曰「現代文明社會」，其法律功能不外是爲了保障人們爭先爭先恐後取得的財物以及以交易賴以進行的契約。後果則是：（一）原先不加入爭奪的高貴自由人，在社會中卻成了沒有財產的窮人；（二）自由人在地位翻轉之後，可能開始學會你爭我奪，所有人的自愛終將被自重之愛所取代。

眼尖的讀者當可以發現，盧梭的眼光似乎從契約論方法預設和推論邏輯轉向了契約與財產權

[5] 盧梭，《德性墮落與不平等的起源》，臺北：聯經出版社，二〇一五，頁二七六。
[6] 同上，頁二九〇。

對於現代社會的實際影響。就某程度而言，這等同矛頭指向了洛克。洛克當然也仰賴了類似的出走邏輯，亦即以讓渡權利換取更好保障的基本思維。但他援引了基督教神學並將自然狀態理解爲一個上帝允許人類享受其創造的世界，不僅可以藉勞動來累積財產，也懂得運用自然法於待人接物和交易之上。不過，人們也因爲詮釋與運用上的判斷差異而終日紛爭不斷，極其不便，所以也會想要一個政府。其職責主要在於擔任自然法最終詮釋者並據此制定法律，保障人們在自然狀態底下即享有的自由、平等和財產。爲了善盡此責，政治權威絕不得違背個人基本權利，而爲了防範濫權也必須有所限制，甚至分散權力使其彼此制衡。

洛克的理論是「法治」（the rule of law）概念以及「憲政民主」理論之原型，鑲嵌於此一論述當中的「代議政府」更是讓後世自由主義者奉爲理想的政體，亦即現代社會當中唯一能捍衛自由、人權乃至財產權等普世價值的可行方案。然而，盧梭卻在本書第三卷第十五章說：

> 英國人自以爲是自由，實在大錯特錯。他們只在選舉議會議員時才是自由的。當議員一經選出，他們就變成奴隸而不算什麼了。但他們能利用短時期的自由，亦足使其喪失自由有相當代價了。

此處重點並非英國人的自以爲是或虛僞，也不是理論與實踐的落差，而是如果「民主」兩字指的是人民當家做主的話，那代議政治根本配不上這名稱，因爲，以選舉制度爲基礎的民主，不過是讓強者（富人）繼續奴役弱者（富人）的另一種方式，畢竟，唯有富人才會有錢有閒參與政治，爲生計奔波勞碌的窮人不可能競選，行使起來只會強化了既有的不平等，甚至將不正當的強權出頭政治「實然」轉化爲一種「應然」。另一方面，其所仰賴的「代表」（representation）概念本身亦有問題；一來掩蓋了上述事實，讓人以爲選出的代表將會爲民喉舌，製造錯誤的期待，甚至以爲自己在投票時即行使了主權，所以是國家的主人，但其實不過是再次將個人主權讓渡出去。

無論如何，如果選舉這算是一種契約，那必然是「不平等」契約。據此觀點，代議民主理論充其量乃高明的政治修辭，嚴格說是騙術，其倡議者不過是自由幻象的製造者。言下之意，洛克似乎是霍布斯式新自然狀態的幫凶，一如許多人視其財產權論述終究是爲北美殖民甚至帝國主義服務。是故，盧梭於是大聲疾呼：「主權不許代表，其理由正如主權不可讓渡一樣。」

不過，比起契約雙方的不平等作爲一種事實必須予以批判，盧梭更在意的是任何處於不對等的兩方皆不可能進入一種眞正的「契約」關係。進一步解釋，固然盧梭認爲：

> 既然沒人有支配其同類的自然權力，而且暴力不產生任何權力，那麼契約便是人與人之間合法權利之基礎。

但，這並不意味任何兩方同意的約定都是「契約」，例如：自願爲奴——因爲當我們這麼做的時候其實已失去了簽約的資格，畢竟：

放棄自由，便是放棄做人，便是放棄做人的義務和權利。對於放棄一切的人是不能有補償的。這種放棄是違反人性。

嚴格來說，人在意圖出賣自己的時候已人間失格，當然不可能是締約的道德主體。於是盧梭強調，出賣自己是一件極其荒謬甚至瘋狂的事，但「瘋狂是不能產生權利的」！

此一說法當然也呼應了盧梭在《論人類不平等的起源》中所說的這一段話，因此我們知道此處所說的「自由」指的是自然人在自然狀態時的獨立與自足：

放棄生命，等於是否定個人存在；放棄自由，等於是毀滅心靈。世上沒有任何東西可以作爲這兩者相互之間的補償，所以若將它們與任何代價作交換，等於同時否定了自然與理性。[7]

至此，我們知道盧梭眞正仰賴的是以天然自由作爲基礎來提出對「契約」的規範性（normative）界定。其要旨爲：雙方不平等或單純圖利（或犧牲）其中一方的約定，既稱不上眞正的契約，更不能構成權威，且不論當事人是否如此感受。正如戰勝者與戰敗者可以締結臣屬之約，「但這種約定並非結束了戰爭狀態，而是隱含著戰爭狀態的延續」。即使簽訂和平協議的臣服者

[7] 盧梭，《德性墮落與不平等的起源》，臺北：聯經出版社，二〇一五，頁一八一。

可能「不停地炫耀他們在鐵牢中所享受的和平與安逸」，甚至會「稱呼一個悲慘和奴役國家，爲一個和平國家」[8]，但那終究是一種奴隸的生存狀態。

「以另一種方式延續的奴役」是獨具慧眼的盧梭所在意的。雖具備了「憲政主義」色彩的霍布斯理論是一例，畢竟那意味著「絕對王權」。但洛克提出的「二次契約」也是，因人民與政府締約不過是臣屬關係的再確認。

四、換一套枷鎖來跳文明的舞曲

至此，我們方能面對盧梭開啓本書的這段話，並思考爲何社會契約是恢復或重建原本自由的方法，且不會是另一種延續奴役的方式：

> 人生而自由，但卻無處不在枷鎖當中。好些人自以爲是別人的主人，其實比起來，反而更像是奴隸。怎麼會變成這樣呢？我不知道。是什麼能令其正當（legitimate）呢？這問題，我想我能回答。

讀者當然明白他並非不知道爲何變成這樣，第二句也無須解釋。在此他想聚焦於第二個問題之

[8] 盧梭，《德性墮落與不平等的起源》，臺北：聯經出版社，二〇一五，頁二八〇。

上，亦即什麼才能讓「枷鎖」成為正當。換言之，目的並非在於解除所有的枷鎖，畢竟，在現代社會當中那幾乎是不可能，重點在於如何讓人們只受到「正當」的束縛。更精確地說，如何讓套在我們身上的束縛是那唯一能「重獲自由」的束縛？

社會契約正是那唯一具正當性的枷鎖或說是規範，畢竟法律是其實踐方式，而法律之目的不外是自由與平等，正如盧梭說：

> 如果我們追問什麼是全體最大的善，應成為一切立法系統的目的——我們發現可以歸結為兩個主要目標：自由與平等。

有一種束縛是為了自由。乍聽之下頗為弔詭，不過，這卻是盧梭的眞正想法。欲對此有更好的掌握，讓我們繼續洛克的相關討論來細究上面第二句話。從前文可知，盧梭對洛克私有財產的捍衛頗不以為然，甚至給人一種印象：雖然他來不及阻止歷史上第一個圍起籬笆的騙子，此時決定起身對抗合理化那騙行的（洛克）契約論。既然代議政府只不過是延續奴役的另一種方式，自由主義只不過是高明的政治修辭，甚至是騙術，那洛克似乎是霍布斯式新自然狀態的幫凶，一如其財產權論述終究是為英國殖民者甚至帝國主義服務。亦或如二手文獻所常見，盧梭是有感於人類文明之路一開始就走錯，社會化無異於墮落過程，中途更讓英國契約論以財產權保障強硬地限制住未來走向，所以才必須挺身而出力挽狂瀾，將人類將一切的枷鎖中解放出來，恢復天然自由。

不，倘若如此，那眞正的解決方案必須重新打造一切人爲制度，其規模之大將超過革命，近乎重建新天新地乃至新人類。

誠然，盧梭認定制度使人腐化，不是天性或其他自然因素——更嚴格說，社會制度始於人性墮落，也是進一步鞏固人類不平等的力量。無論是人類演化史或個人從小到成年的社會化經歷，都是墮落過程。先有自重之愛的心靈枷鎖，再有法律與財產乃至市場作爲制度性枷鎖。所有在現代社會當中的一切契約，包括君主立憲、勞動契約、選舉制度甚至各種家長制的政治想像，全是建立在某種不同位階的不平等關係之延續。甚至連啓蒙人士高舉爲人類希望的科學與理性，也不例外。事實上，他回應前文提及的徵文比賽當中所振筆疾書的論點，也澈底反駁了科學與藝術對道德有淨化作用之說。徵文題目本身其實以法國正在重建人類偉大文明爲背景，亦即一度讓中世紀「黑暗時代」所遮蔽的科學與藝術，因此必須重獲光照或「啓蒙」（enlightened），然而盧梭卻對這重建大業不以爲然。一如他在《愛彌兒》也感嘆地說：「萬物在造物主手上時一切都美好，一旦來到了人類的手中，就全開始敗壞！」

不過，走錯路畢竟是歷史（經驗上）的實然而非（未來也必須如此的）必然。力挽狂瀾也並不一定是將所有制度打掉重練，退回原始狀態重新開始。盧梭眞正批判的對象不是歷史，而是「現代性」（modernity）及其讓我們所能想像的未來進步方式。其敏銳在於他不僅意識到了腐化的無所不在，也在於理解到進入社會之後的不可逆，以及人類希望之所在：那曾被制度誤導但尚未澈底泯滅的良善天性！

無論如何，正如盧梭他在闡釋本書問題意識時提及了對財產的保護，社會契約作為解決方案並不意圖取消私有財產，也不反對財產權，畢竟，那的確是現代公民社會之基石。關鍵在於如何限制其不平等使用。另一方面，盧梭終究也肯定那些制度是「從人類自然本性，經由理性的發展，逐步衍生而成」[9]，不僅是一種心靈「進步」，更是人類所獨有「追求自我完美的能力」之展現[10]。如果放棄生命或自由，等同否定了自然與理性，那麼，作為自然本性與理性相互運作的結果，也不該全盤否定，更何況，追求自我完美的能力意味著：人類的本性必然會與自然本性決裂——亦即唯有在脫離野蠻人狀態時才最像一個不同於禽獸的人。

是故，道德與社會的不平等乃人為之事實，並不意味著文明本身必須被撤銷。一來，人類的文明進程來到了現代，不可能退回到前社會的狀態。二來，進入社會化之後的人類文明也並非一無可取，例如：「自愛」本身不是一件壞事，政治也可以是實現自由的前提現實條件。

既然當時公認為最能捍衛自由與平等的代議民主，實則另一種延續奴役的方式，所以「跟過去一樣地自由」絕不能仰賴現有法律制度，必須另起爐灶。另一方面，文明進程也不可逆行，因此那種歷史上僅出現於人類進入社會以前的自由，必須以另一種方式在現代社會當中來重建。盧梭在診斷了現代性之後於是替自己設定了一個難題：如何在承認基本現代世界設定（例如：自我

[9] 盧梭，《德性墮落與不平等的起源》，臺北：聯經出版社，二〇一五，頁二九二一。
[10] 同上，頁二三八。

意識、財產權、集會結社與政治制度的存在的不可逆）之下，恢復原初那種獨立、自足？他思索了二十年後提出的解方是，換上另一副「枷鎖」來繼續跳這一支文明舞曲！

五、新國、新民、新自由以及新民主

這一副枷鎖必須是現代人能根據自主意願替自己套上去的法律規範，且是爲了重獲自由的緣故，其方式就是所有人共同簽訂一份契約，創造一個新的國度以及運作方式。誠然，鑑於天然自由不可能眞的「再現」，契約論者提出的個人自由與法律保障也不過是奴役的另一種方式，但財產權與法律制度本身又不可廢除，那唯一能做的事似乎必須找到以另一種制度來重建眞正的自由，且重建的過程本身不得以讓渡權利或他人代爲行使主權的方式進行，否則仍是一種奴役，而奴役之路絕對無法通往自由，因此出路必然是涉及了所有人親自參與的行動。在盧梭替自己所設定如此嚴苛的理論與實踐之條件底下，那唯一解方似乎是：

> 我們每一個人把自身的一切權力交給公共，受「公共意志」（volonté générale/general will）之最高的指揮，我們對於每個分子都作爲全體之不可分的部分看待。

雖不若上帝那樣創造新天、新地、新人，但社會契約本身也的確創造了一個集體，亦即盧梭稱爲「共和國」（republic）的「政治體」（body politic）：靜處時是一個「國家」（state），主動作爲時則是一個「主權」（sovereign），若與其他國家較量時則是一個「強權」（power）；另一方面，實際參與簽約的人則從此在集體上統稱爲「人民」（people），個別時是「公民」（citizen），而在專指是否受到國家法律管轄時則稱爲「國民」（subject）。

基本上，盧梭的社會契約是一個澈底轉化政治社會的龐大工程，人們關於「自由」、「財產」和「民主」的理解，在此也重新界定。首先，關於財產，相較於盧梭在《論人類不平等的起源》中對私有財產的根本性批評，認定那不但起源於自私，當國家以法律來保障的時候更是造成了難以撼動的不平等社會結構，盧梭在本書卻大抵同意了洛克關於自然狀態底下「先占權」的說法。那是一種出自於「必要」與「勞動」才能保有的權利，其理據則源自人所能擁有的自己身體。缺乏政治權威的自然狀態底下這種財產沒有保障，因此並不穩固。盧梭的社會契約提供了保障，但方法是讓個人的所有產業由全國家接收保有。之所以必須如此，一來因爲簽約所產生的新主體，也就是作爲主權者的人民全體，才是眞正的財產擁有人。二來，也唯有共同保有一個人的產業才能有效確保不被他人所侵占。更重要的是，國家的建立所包括的領土畢竟包括了許多尚未被個人所占有的「公共」土地，個人產業由國家接收並保有並不吃虧，畢竟，個人也因此而能享有更多。是故，這種接收絕非是一種剝奪，而是強化其所有和使用的權益，並恢復了人類最原初的平等。

這當然也是盧梭接受現代性特色的證據之一，亦即認同以領土爲基礎的「民族國家」（nation-state）體制。另一方面，不論是個體或集體，社會契約的簽訂也讓人重拾人類曾一度有過的自由，不過，那種自由在公民社會底下必須是以結合政治制度才能體現，因此盧梭稱之爲「公民自由」（civil liberty）。猶記盧梭對英國代議制度的主要批評是，人民唯有在投票時才是自由，一旦議員選出旋即回歸奴隸狀態，那麼，唯一能讓人民永遠自由的似乎是得「天天」行使主權。解套方式是所有人民共同參與立法，而政府則不過是執行人民意志的機構。參與立法工作，才不讓自己受制於他人制定的法，正如盧梭底下所說：

> 法律是把意志的普遍性和事物的普遍性連結起來，故個人不論爲誰憑其權威所下的命令都不是法律。即使主權者對某一個別事物所下的命令也不是法律。

也唯有如此，人民才是眞正的主權者，而政府是公僕。因此，盧梭並不徹底否定讓公僕代勞的所有機制，例如：草擬法條或提案預備工作，但唯有全體人民擁有最後的決定權。

進一步解釋，前文提及的「公共意志」亦可譯成「普遍意志」。之所以如此乃因「普遍性／générale」指的是法律之權威普及至國家的每一個成員，包括政府官員在內，而盧梭此舉也賦予了「法治」（the rule of law）概念一個特定且明確的內涵，亦即讓法治與（人民）主權成爲「民主」的一體兩面。換言之，法治再也不能以人民被動地受憲法保障來落實，而是一種公民的主動性立法行動，畢竟人民才是國家眞正的主權者，不替自己立法等同活在他人的意志底下。如果民主的核心要義果眞爲「人民當家做主」，那參與式政治似乎是唯一的解套。

一反霍布斯的邏輯讓人民澈底把主權讓渡出去，也不同於洛克倡議的代議政治底下立法權落於國會議員手中，盧梭筆下的人民才是主權者而政府是其意志的執行者。其具體作法是讓人民定期召開人民議會，並在每次開議時針對兩個提案作出表決：（一）是否贊成維持現有的政治體制？以及（二）是否贊成將行政權交付現在的執政當局？據此，我們知道盧梭嚴格區分了行政權和立法權，後者歸人民全體所有且不得讓渡，而前者乃政府職責，包括了行政官員的制度設計與人事任命。而在此區分之下，我們也看到了人民主權的行使，採取的是針對身爲意志代行者的政府全盤式評估。如果對上述兩個提案做出否決，那麼人民便可進一步開始進行關於政治體制選擇的商議。

如此一來，貴族制、君主制亦或全民共治皆是選項之一，本身並不具絕對優先性。政體乃至財產制度的具體細節，最終決定權仍在人民手上。本書第三卷旨在闡釋這一種社約論意義上的盧梭式民主。

六、強迫自由和盧梭的論證特色

關鍵在於，如何讓公共意志來指揮人民？比這更爲根本的問題則是：我們如何確認何爲公共意志？盧梭在本書中對「公共意志」概念的解釋並不詳盡，但要旨倒也不難掌握。第一步是理解它和「全體意志」（the will of all）和「個別意志」底下的根本差異：

> 全體意志和公共意志常有很大差異，後者只看公共利益，前者則爲私利，且只是個別意志的總和。不過，如果把這些個別意志相互抵銷的較多或較少成分減除，剩餘的差額便是公共意志。

根據盧梭的闡釋，公共意志所意欲的對象就是公共利益。通常人們以簡單計算題來解釋這一段話。例如：倘若此時天上掉下來一張千元大鈔在十個人當中，而此時有六人想獨吞，兩人想要平分，另外兩人則根本不想要，其全體意志的滿足必須有六千兩百，但極端個別意志的加減結果則是每人各得一百元，即是公共意志。

不過，姑且不論這是否在嚴格意義上可理解爲一道數學習題，此處有三點必須注意。第一，盧梭明白公共利益不一定是每一個人眞的想要，也不是所有人想要的總和，但卻是所有人應該致力於追求的事。因此，他在本書第四篇提出了許多措施來拉近現實與理想，例如：公民教育、愛國心的培養亦或公民宗教（civil religion）的全面推動，甚至必須禁止具有偏私的黨派組織，無一不是爲了讓多數人的個人意志能等同公共意志，甚至到最後全體意志也和公共意志吻合一致。

第二，無論其計算方式是把最極端的想法全部去除之後所取得的平衡或中間值，亦或減去人們自重之愛後的結果，盧梭認定每個立法情境當中都存在一個公共意志，也就是一個潛在的標準答案等待找尋。因此，他如此說道：

公共意志永遠是公正，永遠傾向公共利益的實現；但這並不是說人民的實際決策過程都是同樣公正無私。每個人都想追求自己認爲好的事物，但並不一定都能看清楚什麼是好——個人無法讓人民腐化，但卻經常誤導它，而一旦如此發生時，人民會看起來像是在追求邪惡的事物。

第三，正因爲公共意志永遠公正，所以違背者必然是受到腐化或偏見蒙蔽的結果，所以「倘若有人不遵守公共意志，得由全體迫其遵守之」，且這麼做其實是：

爲了迫使他自由，也唯獨把每一個公民交給國家，才能讓他不再依賴任何人。

盧梭強調，這種不得已的必要措施乃社會契約本身的隱藏條款。缺之，則契約的落實恐淪爲空談。

上述第三點日後在文獻上被簡化爲所謂的「強迫自由」（forced to be free）概念，不但成了日後革命人士的進步口號，也是常見於獨裁政權的一種反動修辭，甚至讓盧梭在二十世紀背負了「極權主義始作俑者」的罵名。本文礙於篇幅不能深入討論此一爭議，只能進一步從方法論角度提出四點供讀者藉以判斷。

首先必須指出的是，盧梭的整體政治思想存在一個從「實然」（is）推出「應然」（ought）

的特色。更具體地說，他的推論奠基於曾經存在過的事實（自然狀態底下的自由人），從而試想，倘若沒有社會化的墮落過程，人們現在應該將會有的樣子。換言之，現實世界當中勾心鬥角、爭得你死我活的現代人，反而是一種人格已被扭曲的存在，不是眞正的自己。此一想法預示了二十世紀存在主義（Existentialism）和法蘭克福學派（Frankfurt School）藉以批判現代社會弊病和資本主義意識形態的「本眞性」（authenticity）概念，也讓盧梭得以主張：自由並非自由主義底下「公民」享有的消極權利，而是身爲「人」就當努力去實踐的積極義務。盧梭的直接民主說到底爭的不只建立於一個規範性契約概念，而是整個體系維繫於一個關於「人之所以爲人」的理解——或說具規範色彩的人論。

另一方面，鑑於盧梭的想法乃根據歷史（過去的實然）來推出當前（現在實然）當中「應該存在但卻不存在」的獨立與尊貴（應然），所以嚴格說並非一種用來進行因果推論或探索未見可能的「反事實思維」（counterfactual thinking），而是一種「目的論式」（teleological）思維。類似一顆麥子如果落在適當的土壤中，加上必要的水與養分，當可發芽茁壯，個人在適當的制度底下將能發展成獨立且高貴的公民，而社會整體乃至人類文明亦可走向眞正美好的自由境界。

藏在目的論背後的其實是一種關於「潛力」有機式（organic）想像，正如盧梭當年的頓悟意味著：人具有向善的天性，只要給予適當的（社會制度）條件，將能發揮出來，而社會契約旨在提供此一條件。然而，雖說潛力是一種潛藏於實然當中的應然，但這不能讓我們可以遊走於實然與應然之間，甚至因而喪失了現實感。例如：當盧梭主張新公民社會的新自由人不僅必須關心公共事務，戮力於實現象徵公共利益的「公共意志」，並盡可能戰勝代表自尊之愛的「個人意志」的時候，他一方面把應然與實然的兩種意志塞到一個人的意志當中，認定人人都有兩個自己，因此必須——以《愛彌兒》的用語來說——讓「高階的自我」來主導「低階的自己」，否則不僅義務未盡，權利也將一併喪失。

與此同時，盧梭似乎也忽略了當社會集體在強迫一個人自由時，不但仰賴了上述的比喻，更藉由將社會「類比」爲具有單一意志的個人那樣，因此迫使他接受多數人的決定不過是強迫他接受了（不被私利所蒙蔽的）眞正自己。那實際上也許是一群自認爲代表公共意志的人在強迫他們所認定爲受困於個人意志的人，或說多數暴力。

七、結語

從方法論角度來看，相較於霍布斯與洛克在以「社會契約」來說明國家起源亦或政治權威的基礎，某程度上合理化了現狀，盧梭在強調參與之必要時，反而讓契約論作爲一種政治理論方法不僅能「解釋」過去起源，「批判」現在的不平等結構，同時也提出一個「規範性」民主理論，以及如何打造一個「直接民主」未來的具體方案。

值得一提的是，盧梭的理論也突顯了「立憲主義」與「民主政治」的潛在衝突。社會契約並不單指一次性的政治工程，其「奠基」成分在於所有當事人所共同簽訂那呼喚出一個共和國的首次契約，但此後公民針對公共事務的立法相關工作，也是不可或缺的政治日常，否則同樣會在立國之後淪爲受制於他人制定的法律之奴隸。無論如何，新共和國底下的新自由人必須是勤於關心公共事務的公民，且自由的獲得與維持都得以親身參與作爲代價。走出自然狀態的人必須放棄天然自由以換取新的公民自由，從此讓自己的意志接受公共意志的指揮。

然而說到底，盧梭的社約論所欲捍衛的是以撒・柏林（Isaiah Berlin）所謂的「積極自由」（positive liberty），亦即成爲自己的主人，並以回復本眞的自己作爲自主的理想，而非洛克以降的英國自由主義想以憲法來保障的那種不受他人（尤其是政府）干涉的「消極自由」（negative liberty）。作爲一種積極自由，「公民自由」是必須且應當付出努力才能取得的一種成就。也正因如此，以此爲基礎的直接民主實踐起來相當不易。

盧梭的歷史感與現實感讓他設想了許多用來提升公民素質並防範社會更加墮落的機制。不過，當付之實踐的時候，直接民主的決策方式幾乎等同多數決，且難以避免多數暴力的可能性。除非我們有另一個外在且獨立的方法可確認公共意志的內容，否則我們難以斷定那是多數暴力或果眞迫使了一個反對者從私心當中解放自己，成就更高階的自我。更讓論者陷入兩難的是：如果我們有投票之外的另一種方法，那全民投票的意義在哪？又，萬一如果多數決其實是不過是違背公共利益的全體意志，那我們又該如何？

另一方面，鑑於盧梭的性善論與基督教「原罪」（original sin）有根本的衝突，當他提出公民宗教並高舉基督教，其實是採取了工具性角度來看待宗教，而非其內在價值或人類對神聖的追求。就此而言，公民宗教實施起來其實也無異於愛國教育，且是一種以國家來塡補上帝空缺的方式。也許那是因爲他意識到了法國即將進入的嚴重社會分裂，所以才設想此一方式來凝聚追求私利的人民和黨派，但此一功能取向的宗教觀，讓人難以不聯想到國家意識形態的灌輸。

事實上，正如同樣捍衛人類本眞性的加拿大哲學家泰勒（Charles Taylor）曾指出，盧梭的思想在兩方面促成了法國大革命走向致命之路：一是公共意志概念讓人相信所有政治衝突皆有達成「和諧一致」的可能，二是高舉公民精神的結果讓人將愛國視爲一種「美德」[11]。置於二十世紀的脈絡，不意外前者將允許社會集體隨時準備強迫少數人接受多數意見，而後者則給予國家正當理由來進行愛國教育灌輸，甚至將爲國犧牲高舉爲一種個人的最高榮耀。

這當然不是盧梭本意。畢竟，盧梭爭的是一種人應當有的樣子，也就是他認定人之所以爲人的尊嚴。這根本想像來自他對自然狀態的理解，但也指向了一個社會應當改革與個人心理必須發展的明確方向。《社約論》的書寫既不是爲了回歸自然狀態，也非抒發烏托邦情懷，更不想等著科學來推動人類走向進步的未來，而是眞切地期待理性之光可以引導人們去認識公共意志，而良心則能教會人們如何去愛它，最終重拾過往的純眞與自由。然而，當這理論落入追求私利的人們手中，似乎比任何貶抑人性的理論更加危險、更容易合理化多數決甚至是獨裁政權。如果說柏拉圖的「哲君」（philosopher-king）理論不該爲日後獨裁者假裝哲學家來統治國家，那或許我們也不能將受到盧梭啓發的政治野心家採取的迫害措施，全歸咎於本書。

[11] Charles Taylor, *A Secular Age* (Cambridge, MA: Harvard University Press, 2007), pp.201-206.

譯者前言

他[1]是法國大革命的先驅。

——羅伯斯庇爾

盧梭的《社會契約論》是一部政治哲學著作。它探討的是政治權利的原理，它的主旨是爲人民民主主權的建立奠定理論基礎。它的問世，是時代的需要，是人類社會向前進步的產物；它正確回答了歷史進程提出的問題：法國命運的航船駛向何方？

人類是幸運的，人民是偉大的，在歷史發展的緊要關頭，總有人指引前進的道路，人民總能及時做出正確的抉擇。

「在十八世紀的法國政治思想領域裡，存在著三種改革國家政治制度的學說：孟德斯鳩主張

[1] 指盧梭。引自羅伯斯庇爾於法國共和曆二年花月（一七九四年五月）十九日在國民公會發表的演說。

立憲君主制，伏爾泰主張開明的君主制，[2]而盧梭主張民主共和制。一七八九年的法國大革命最終選擇了盧梭的主張，實行民主共和制。」[3]

一、「我把我的一生獻給眞理。」[4]

筆者在山東人民出版社二〇〇一年版《主權在民Vs「朕即國家」——解讀盧梭〈社會契約論〉》的引言中，有幾段話談到《社會契約論》對一七八九年法國大革命產生的影響，現略加修改和刪節，引錄如下：

盧梭在《社會契約論》正文前的「小引」中說他這本書是一篇「簡短的論文」，是從一部「內容極爲廣泛的著作中摘錄出來的」。他說：「就這部著作已經寫好的文字中可供採擇的各部分而言，以這一部分最爲重要，因此我認爲還不是不值得奉獻於公眾。」

---

[2] 伏爾泰雖然是一位自由主義思想家，但他並不主張趕走國王。他認為哲學家可以引導和啓迪國王做開明的君主。他這套主張曾經在普魯士國王腓特烈二世身上做過嘗試，但沒有成功：他到柏林與腓特烈二世相處僅一年多，這位國王就像「扔掉榨乾汁水的柳丁皮似地」把他打發走了。

[3] 見拙作《主權在民Vs「朕即國家」——解讀盧梭〈社會契約論〉》，山東人民出版社，二〇〇一年版，第一〇六頁。

[4] 這句話是盧梭的座右銘。一七五九年三月十八日他決定以這句話激勵自己，並特別刻了一方鐫有這句話的圖章。

他這些話是一七六二年說的，說得很謙遜。盧梭沒有料到的是，時隔二十七年之後，到一七八九年法國大革命一爆發，他這篇「簡短的論文」不僅「可供採擇」，而且變得家喻戶曉、廣爲人知，人們一談到「自由和平等」，一談到人民是「國家的主權者」，人民的主權「是不可轉讓的」，就要從他的《社會契約論》中尋找依據，就要用這本書作爲他們推翻君主專制和建立民主制度的理論武器。

《社會契約論》一七六二年發表時，作者署名爲「日內瓦公民讓-雅克．盧梭著」。有趣的是，恰恰是這位作者熱愛的日內瓦共和國[5]對這本書譴責得最厲害，說它是「膽大妄爲的、可惡的、褻瀆宗教的、試圖打倒教會和推翻各國政府的」。

在《社會契約論》出版後的第二年，即一七六三年，有人發表了一篇文章，題名《爲宗教雪恥——駁斥褻瀆宗教的作者》，指摘盧梭的《社會契約論》是一本「煽動暴亂的書」。有一個名叫貝爾蒂埃的耶穌會教士，在盧梭的《社會契約論》發表後不久，便著手寫一本《評讓-雅克．盧梭的〈社會契約論〉》，幾乎逐章逐段地批駁《社會契約論》中的觀點，爲君權神授說大唱讚歌。然而，等到他的書經過圖書審查官的審查，於一七八九年六月十五日批准出版後僅一個月，即一七八九年七月十四日，巴黎人民便攻破了巴士底獄，拉開了法國大

[5] 在十八世紀，日內瓦是一個城邦式的共和國。關於這個共和國的描述，請參見達朗貝爾在《百科全書》第七卷寫的《日內瓦》（李平漚選編：《法國散文精選》，北嶽文藝出版社，一九九九年版，第二〇七頁）。

革命的帷幕，應驗了那些對盧梭的《社會契約論》提出指摘的人的讖語。盧梭逝世於一七七八年，一七八九年的法國大革命當然不是由他和他的《社會契約論》直接發動或煽動起來的；大革命的爆發自有它內在的和外在的原因，但盧梭的《社會契約論》對它的爆發和發展發揮了催化和推動作用，則是世所公認的。在當時革命運動的領袖人物發表的文章和演說中，盧梭的《社會契約論》中的論點，比其他任何一個思想家和政論家的言論被引用的次數都多。無論是贊成或反對盧梭的人都承認他這本書在點燃革命烈火方面產生了極其重要的作用。正如梁啓超在《論學術之勢力左右世界》一文中所說的：盧梭的《民約論》[6]在「歐洲學界如旱地起一霹靂，如暗界放一光明，風馳雲卷，僅十餘年，遂有法國大革命之事。自茲以往，歐洲列國之革命紛紛繼起，卒成今日之民權世界。《民約論》，法國大革命之原動力也；法國大革命，十九世紀全世界之原動力也」。[7]

盧梭在《社會契約論》的「小引」中所說的那部「內容極爲廣泛的著作」，指的是他一七四四年開始思考和著手撰寫的《政治制度論》。關於這部書的寫作的起因和經過，他在《懺悔錄》中是這樣說的：

---

[6] 《民約論》，《社會契約論》的舊譯名。
[7] 梁啓超：《論學術之勢力左右世界》，上海廣智書局《飲冰室文集》（上），《學術》第一頁。

我在威尼斯的那段期間[8]，有些事情使我看出那個被人們如此誇讚的政府竟有許多缺陷，因此，在十三或十四年前，我對《政治制度論》這本書的寫作就已經有了初步的輪廓。此後，由於我從歷史的角度去研究倫理學，我的眼界便大爲開闊。我發現，所有一切問題的根子，都出在政治上。不論從什麼角度看，沒有哪一個國家的人民不是他們的政府的性質使他們成爲什麼樣的人，他們就成爲什麼樣的人。所以我覺得：「怎樣才是一個盡可能好的政府」這個大問題，可以歸納成這樣一個問題：「什麼性質的政府才能培養出最有道德、最賢明和心胸最豁達的人民？」——總而言之一句話：什麼性質的政府才能培養出按「最好」二字最廣泛的意義說來足可稱爲「最好的人民」？我還發現，這個問題與另外一個儘管與它有所不同但是是極其相似的問題，那就是：「什麼樣的政府才能由於它的本性的驅使，行事處處都合乎法律？」[9]

從這段敘述可以看出，他當初寫《政治制度論》的主旨，以及他後來在《社會契約論》中反復發揮的理論，都集中在解決一個他比喻爲「幾何學上的化圓爲方問題」[10]，即如何找到一個能把

[8] 指他一七四三年八月至一七四四年九月在法國駐威尼斯使館擔任祕書那段期間。
[9] 盧梭：《懺悔錄》，第九卷，巴黎《袖珍叢書》一九七二年版，下冊，第一二三頁。
[10] 「化圓為方問題」，即：作一個與已知圓的面積相等的正方形問題，這是古希臘幾何學上的三大難題之一。

法律置於一切人之上的政府形式」。[11]

政府的形式問題，是《社會契約論》第三卷著重論述的問題。盧梭在該卷第一章特別提請讀者注意「本章必須仔細閱讀」。後來，他在《山中來信》（一七六四）第五封信中又對「政府這個詞的確切意義」做了解說，詞句更加簡明，對閱讀《社會契約論》大有幫助，因此我們將它一併譯出，作爲註腳，加在第三卷第一章。

在十八世紀的法國，談論政府的形式問題，是一個必然會觸怒當局的問題，因爲當時的法國實行的是君主專制制度，政府的形式早已確定。路易十四說「朕即國家」，而盧梭在書中竟然提出政府的形式問題，這難道不是在向國王挑戰，要顚覆王國政府嗎？路易十五的王國政府一七五七年四月十六日頒布了一道法令，通告全國：「無論何人只要撰寫或指使他人撰寫和印刷反對宗教和國王權威的文章，都將被處以極刑。」皇皇禁令懸諸國門，曉諭天下，難道盧梭不害怕觸犯王國政府的禁令嗎？他沒有害怕、沒有退縮；他繼續寫他的書，終於在一七六二年將《社會契約論》「奉獻於公眾」，實踐了他遵循的座右銘「我把我的一生獻給眞理」。

二、盧梭爲揭示眞理付出了沉重的代價

《社會契約論》出版於一七六二年四月，一個月以後，即一七六二年五月，《愛彌兒》出

---

[11] 一七六七年七月二十六日盧梭致米拉波侯爵（一七一五—一七八九）的信；著重號是原有的。

版。這兩本書一問世，便遭到日內瓦和巴黎當局的查禁，書被當眾焚毀，作者的人身受到威脅：六月九日，巴黎高等法院發出逮捕令，捉拿盧梭。幸得友人的通風報信，盧梭及時連夜出逃，從此開始他長達八年之久的流亡生活，顛沛流離、居無定所，到處被人驅趕，直到一七七八年七月二日他在埃默農維爾逝世時，對他的逮捕令還沒有撤銷，他的身分依然是一個負案在逃的犯人。

然而，歷史是公正的，人民對這位為傳播真理而著書立說的作者是懷著欽敬和感激之情的。一七九四年十月，法國國民公會重置棺木，將盧梭從埃默農維爾移葬首都「供奉不朽的人的殿堂」——巴黎先賢祠邦德翁，供世人永久瞻仰。

三、《社會契約論》的兩個稿本

《社會契約論》有兩個稿本：一個初稿本，一個定稿本。[12]初稿本現藏日內瓦圖書館，通稱「日內瓦稿本」；定稿本藏巴黎法國國家圖書館，通稱「巴黎稿本」。坊間所見的《社會契約論》，就是按一七六一年十一月盧梭交給阿姆斯特丹的書商雷伊的定稿本排印的。

這兩個稿本沒有什麼理論陳述上的重大差別，只是在章次的編排上有幾處變動：

（一）關於主權問題的論述，在初稿本中原列第一卷第四章，而在定稿本中移到第二卷第一章。

[12] 另外在瑞士納沙泰爾市圖書館還收藏了盧梭手寫的十幾個與《社會契約論》的論述有關的「片段」。

（二）定稿本第四卷第八章《論公民的宗教信仰》，在初稿本中是手寫在第二卷第二章《論立法者》第四十六至五十一頁背面的。從《論立法者》末尾幾段涉及宗教問題的文字來看，在有關宗教和政治關係的論述中，是不可避免地要接著談論國家的成員——公民的宗教信仰問題的，可是，在盧梭交給雷伊的定稿本中卻把它刪去了，只是在已經開機印刷之後，才把這部分材料加以修改，加上標題，寄給雷伊，排列在第四卷第八章。

（三）兩個稿本最大的差別是：初稿本第一卷第二章《論人類的普遍社會》，在定稿本中被完全刪去。研究家認爲，被刪去的原因是由於這一章的內容讓人們一眼就可看出是爲批駁狄德羅一七五五年發表在《百科全書》第五卷中的《自然權利》[13]而寫的。盧梭對狄德羅的觀點的批駁，筆調十分辛辣，有些地方甚至近似嘲諷。據盧梭本人後來在《懺悔錄》（第九卷）中談到《社會契約論》的寫作經過時說，他在書中「唯一要貫穿始終的，是條分縷析地闡述理論，而不能有任何一點譏刺和偏激的詞句」。因此，在《社會契約論》這樣一本政論著作中不宜收入一篇筆調辛辣的文字，再加上這一章中的有些論點在他的《論人與人之間不平等的起因和基礎》中已經講過了，因此決定在定稿本中將它刪去。不過，這一章中的有些論點，對了解人類政治社會的起源，還是有用的，因此將它譯出，作爲附錄，供讀者參考。

[13] 這一章的原標題尤其引人矚目：《論自然權利和普遍社會》，這顯然是在批駁狄德羅。

四、《愛彌兒》中的〈遊歷〉——《社會契約論》的摘要

在盧梭的《愛彌兒》第五卷中，有一大段可以單獨成篇的文字，標題〈遊歷〉（Des Voyages）[14]。這篇〈遊歷〉講的不是遊山玩水，不是去參觀什麼景區或景點，不是我們今天所說的「旅遊」。「遊歷」與「旅遊」雖只一字之差，但概念完全不同；概念不同，目的迥然不同。

這篇〈遊歷〉的主要內容，大部分摘自《社會契約論》，實際上是《社會契約論》的節略本或通俗本；它講述的是老師帶著他的學生愛彌兒遍遊歐洲，考察各國風土人情的差異和政治制度的良窳。老師告訴愛彌兒：「爲了觀賞一個國家的山川而去遊歷，和爲了研究一個國家的人民而去遊歷，其間是大有區別的。」盧梭不贊成帶著學生「從這個城市跑到那個城市，」他認爲，「要眞正研究一個民族的天才和風尚，應當到偏遠的城市，……正如在最大的半徑的尖端才能最準確地量出一個弧形的面積一樣，我們在偏遠的城市才最能看出一個政府的好壞。」[15]

---

[14] 見盧梭：《愛彌兒》，李平漚譯，商務印書館，二〇〇七年版，下卷，第六九〇—七二三頁。

[15] 盧梭：《愛彌兒》，李平漚譯，商務印書館，二〇〇七年版，下卷，第七二〇頁。

這篇〈遊歷〉的文字十分暢曉，析理簡明，用一問一答的形式啓發人們對許多艱深的政治問題進行深入的思考，對閱讀《社會契約論》原書是很有用的。謹向各位讀者簡介如上。

李平漚

於北京惠新里

小引

這篇簡短的論文[1]，是從我以前不自量力而著手撰寫，但後來又久已停筆不作的[2]一部內容極爲廣泛的著作[3]中摘錄出來的。就這部著作已經寫好的文字中可供採擇的各部分而言，以這一部分最爲重要，因此，我認爲還不至於不值得奉獻於公眾。其餘部分，則已不復存在了。

---

[1]《社會契約論》這本書，盧梭在好幾個地方都稱它為一篇「論文」，如一七六一年十二月二十三日他在給友人羅斯丹的信中說：「在雷伊[4]那裡有一篇題名《社會契約論》的論文。這篇論文我迄今對誰也沒有講過。」（《盧梭通信集》，第七卷，第七頁）——譯者

[2]一七六二年一月十八日，盧梭寫信給莫爾杜說：「我應當告訴你，我有一本著作送到荷蘭去印刷；這本著作的標題是《社會契約論，或政治權利的原理》；它是從一本大部頭著作中摘錄出來的。這本大部頭著作題名《政治制度論》，是我十年前開始寫作的，但久已停筆不寫，因為它遠遠超過了我的能力。」（同上，第六十三—六十四頁）——譯者

[3]這部「內容極為廣泛的著作」指的就是《政治制度論》。這部著作，是一七四三年盧梭在威尼斯擔任法國駐威尼斯共和國使館祕書時開始思考和撰寫的。它的內容的確極為廣泛，除《社會契約論》外，「還包括國際法、通商、戰爭的權利與征服、公法、同盟、談判和締結條約等」涉及各種對外關係的問題。（見盧梭：《社會契約論》，第四卷，第九章）——譯者

[4]雷伊，承印《社會契約論》的阿姆斯特丹的書商。——譯者

目次

第二卷

第三卷

第四卷

第一卷

我要根據人類的實際情況和法律可能出現的情況進行探討，看是否能在社會秩序中找到某種合法的和妥當的政府行為的規則。在這項研究工作中，我將盡可能把權利所許可的和利益所要求的結合起來，以便使正義與功利不至於互相分離。

我不打算從闡明我所研究的問題的重要性論起，我要開門見山，一下筆就直接闡明主題。人們也許會問我是不是一位國君或立法者，因此才著書論述政治問題？我回答說：不是；而且，正是因為我這兩者都不是，所以我才要談論政治。如果我是國君或立法者，我就不會浪費時間談論應當做些什麼事了。該做些什麼事，我會去做的，否則，我就什麼話也不說。

生為一個自由的國家[1]的公民和主權者[2]中的一分子，不論我的聲音在公共事務中的影響是多麼微弱，但只要我對公共事務有投票的權利，這就足以使我有義務詳細研究這方面的問題。我感到高興的是，每當我對各國政府進行研究的時候，我都能在我的研究工作中發現一些新的理由來熱愛我國的政府！

◆註釋◆

【1】自由的國家，指日內瓦共和國。——譯者

【2】主權者，指日内瓦的大議會。日内瓦的大議會由全體公民組成，盧梭是日内瓦的一個公民，因此他說他是「主權者中的一分子」，但實際上，日内瓦的大議會只是名義上的國家的主權者，每年只舉行一次會議。真正執掌政權的，是由兩百人議會推選出來的二十五人組成的小議會。盧梭稱這二十五人是「二十五個暴君」。——譯者

第一章　第一卷的題旨

人生來是自由的[1]，但卻無處不身戴枷鎖。自以爲是其他一切的主人的人，但反而比其他一切更像是奴隸。這個變化是怎樣產生的？我不知道。是什麼原因使它成爲合法的？我相信我能解答這個問題。

如果我只是從強力和由強力產生的後果來考慮問題的話，我認爲：當人民被強力迫使服從而服從了，他們做得對；而一當他們能擺脫身上的枷鎖便擺脫了，那他們就做得更對。因爲他們這樣做是有根有據的：別人根據什麼權利剝奪他們的自由，他們也可以運用同樣的權利恢復他們的自由，[2]否則，別人當初剝奪他們的自由，就是毫無道理的了。社會秩序是所有其他各種權利賴以保持的神聖權利。然而，這項權利絕不是來自自然，它是建立在許多約定的基礎上的，因此，我們應當知道是哪些約定。不過，在論述這一點之前，我要把我所講的這番話先解說清楚。

◆註釋◆

【1】這句話的意思，盧梭在本書第四卷第二章中又再次強調重申，他說：「每一個人生來都是自由的，是他自己的主人，因此，無論何人都不能以任何藉口在未得到他本人的同意的情況下就奴役他。」需要指出的是，在《社會契約論》發表之前，在法國政治思想領域裡流行的是君權神授說，博絮埃在他的《從〈聖經〉中摘錄的政治理論》中說「人生來都是臣民」。盧梭在這裡所說的「人生來是自由的」就是為反駁博絮埃的上述言論而提出的。這一命題，旗幟鮮明，在一七八九年的法國大革命運動中廣為傳播，對革命形勢的發展起到了很大的宣傳鼓動作用。——譯者

【2】盧梭在《論人與人之間不平等的起因和基礎》中說：「以絞死或廢黜暴君為結局的暴亂，與暴君當初之利用暴亂屠殺人民和掠奪財物的行為一樣，是合法的。暴君的位子靠暴力維持，而要推翻他，也必須同樣靠暴力。一切事物都是按照自然的秩序進行的。不論那些短暫的和頻頻發生的革命的結果如何，誰也不能抱怨說他們不公正；要抱怨，就只能抱怨自己的過錯和不幸。」（盧梭：《論人與人之間不平等的起因和基礎》，李平漚譯，商務印書館，二〇〇九年版，第一一七頁）——譯者

第二章 論原始社會

在所有各種各樣的社會中，家庭是最古老而又唯一是自然形成的社會。孩子只有在他們需要父親養育他們的時候，才依附他們的父親，而一旦沒有這種需要，他們之間的自然聯繫便宣告解體。孩子解除了他們對父親應有的服從，而父親也免除了他對孩子應有的關懷，雙方都同樣進入了獨立狀態。如果他們還繼續聯繫在一起的話，那就不再是自然的，而是自願的，這時，家庭本身便只有靠約定來維繫。

這種人人都有的自由，產生於人的天性。人的天性的首要法則是保護他自己的生存；他首先關心的，是照護好他自己。一當他到了有理智的年齡，那就只有他本人才能判斷應當採用何種方法才最能維護他的存在。從這個時候開始，他就成為他自己的主人了。

從以上的敘述來看，我們可以說家庭是政治社會的原始模型。政治社會的首領就好比一個家庭中的父親，人民好比家中的子女；大家生來都是平等的和自由的，每個人都只有在對自己有利的時候才轉讓自己的自由。全部區別在於，在家庭中，父親對子女的愛表現在他對子女的關心，從對子女的關心中得到樂趣；而在國家中，首領對人民沒有這種父愛；他所關心的是如何統治人民，他以統治人民爲樂。[1]

格勞秀斯[2]否認世上的一切權力都是爲有利於被統治者而設立的：他以奴隸制爲例。[3]他最常用的推理方法是以事實來確立權利。*即使他採用另外一種更爲武斷的方法，也不見得對暴君有利。

按照格勞秀斯的說法，究竟是全人類屬於某一百個人，還是這一百個人屬於全人類，就值得懷疑了。從他在自己的著作中發表的見解來看，他是傾向於贊成前一種看法的；這也是霍布斯[4]的意見。按照這種看法來辨的話，整個人類就會被分成一群一群的牛羊，每一群牛羊都有牠們的首領。首領之所以保護牠們，爲的是吃牠們。

如同牧羊人的資質高於他那一群羊的資質一樣，人民的牧放人，即人民的首領，其資質也高於人民的資質。據費龍[5]說，卡里古拉皇帝[6]就是這樣推論的。從這個比喻中得出的結論當然是：國王是神，或者說：人民是牲畜。

卡里古拉的這個推論，如今又被霍布斯和格勞秀斯撿起來當作他們的理論。在他們之前，亞里斯多德也這樣說過：人不是天然平等的，有些人生來就是做奴隸的，而另一些人天生就是來統治的。

亞里斯多德說得對，不過，他把因果關係弄顛倒了。所有在奴隸制度下出生的人，生來都是奴隸；這是肯定無疑的。奴隸們在枷鎖的束縛下，失去了一切，甚至失去了脫離奴隸狀態的願望。如同尤里西斯[7]的夥伴們喜歡他們渾渾噩噩的狀態一樣*，奴隸們也喜歡他們的奴隸狀態。可見，如果眞有什麼天然的奴隸的話，那是因爲先有了違反天然的奴隸。強力造出了早先的奴隸，他們的懦弱使他們永遠當奴隸。

到現在爲止，我還沒有談到亞當王[8]，也沒有提到挪亞皇；這位挪亞皇是那三個三分天下的大君主的父親。[9]人們認爲，從他們的做法就可想見當初薩士林的兒子們是如何行事的。[10]我希望人們感謝我說話這麼謙遜，因爲，作爲這幾位君主之一的直系後裔，也許說不定還是嫡長子的後人，如果澈底考證一下我的身分的話，焉知我就不會被發現我是全人類的合法的國王呢？不管怎麼說，人們不能不承認亞當曾經是全世界的主權者，因爲和魯濱遜一樣，只要魯濱遜是他那個島上唯一的居民，他就是那個島的主人，而且，在他的帝國裡還有這樣一個好處，那就是：他可以安坐皇位，既不擔心發生暴亂，也不擔心發生戰爭或有人搞陰謀。

◆註釋◆

【1】盧梭早在一七五五年就批駁了有些學者認為專制政治和整個社會都是由父權派生出來的謬論。他說：「我們用不著去引用洛克和席德尼的相反的論點，只需指出這一點就夠了：在世界上再也沒有什麼東西比父權的溫柔與專制主義的暴虐更大相徑庭了，因為父權的行使，給服從父權的人帶來的好處，比行使父權的人

得到的好處大得多。按照自然法，父親只是在他的孩子需要他說明的時候，他才是孩子的主人，過了這段期間，他們就是平等的，孩子便完全脫離父親而獨立。他們對於父親只有尊敬的義務，而沒有服從的義務，因為報答父母固然是一種應盡的義務，但不是一種可以強迫索取的權利。我們不僅不能說文明社會是由父權產生的，相反，我們應當說父權的主要力量來源於社會。」（盧梭：《論人與人之間不平等的起因和基礎》，李平漚譯，商務印書館，二○○九年版，第一○六—一○七頁）——譯者

[2] 格勞秀斯（一五八三—一六四五），荷蘭法學家，主要著作有《戰爭與和平法》（一六二五）。——譯者

[3] 盧梭在這裡所說的格勞秀斯「以奴隸制為例」，見格勞秀斯的《戰爭與和平法》卷一第三章中的這段話：「（有人說）一切權力都是為有利於被統治者而設立的；其實並非全都如此，因為有些權力本身就是為了有利於統治者而設立的，例如奴隸主對奴隸的權力就是一例。」——譯者

* 「許許多多研究公法的巨著，講的只不過是前人濫用權力的歷史。可是人們卻偏偏喜歡花許多心思去鑽研它們，因此愈研究愈糊塗。」（引自達讓松侯爵先生著《論法國與其鄰國的利益》）格勞秀斯就是這樣研究的。——作者

[4] 霍布斯（一五八八—一六七九），英國政治著述家，其主要著作有《論公民》（一六四二）和《利維坦》（一六五一）——譯者

[5] 費龍（約西元前二十—四十五），具有猶太血統的希臘哲學家。——譯者

[6] 卡里古拉（十二—四十一），古羅馬皇帝（三十七—四十一在位），是一個以手段殘酷著稱的暴君。——譯者

【7】尤里西斯，希臘神話故事特洛伊戰爭中一位足智多謀的統帥。據荷馬史詩《奧德賽》說，在希臘軍隊攻陷特洛伊後，尤里西斯於回國途中遇到女妖西爾賽用魔法把他的夥伴們變成了豬，成天渾渾噩噩，只有尤里西斯不受她的魔法的影響，是她無法改變的。——譯者

* 見普魯塔克的一篇短文：《但願牲畜能運用理性》。——作者

【8】亞當，據《聖經·創世記》說，亞當是上帝創造的世界上的第一個人。——譯者

【9】挪亞，據《聖經·創世記》記載：世上的洪水氾濫時，挪亞一家進入他按上帝的旨意預先製造的方舟，因此沒有被洪水淹滅。後來，他的三個兒子閃、含和雅弗「各隨他們的支派立國，洪水以後，他們在地上分為邦國」。（《創世記》第十章第三十二節）——譯者

【10】這段話，是針對英國人費爾默而發的。這位英國人寫了一本標題為《父權政治，或：國王們的天賦權力》（一六八〇）說國王的絕對權力是繼承於亞當主宰一切的權威。——譯者

第三章　論最強者的權利

即使是最強者，如果他不把他的強力轉化成權利，把服從轉化成義務，他就不可能強到足以永遠當主人。最強者的權利就是由此產生的。這種權利，表面上看起來十分可笑，但實際上已經形成爲一種原則了。不過，這個詞的意思，人們難道不該向我們解釋一下嗎？強力是一種物理力量，我不明白它的作用怎麼會使人產生道德觀念。向強力屈服，是一種必要的行爲，而不是一種意志行爲，頂多只能是一種明智的行爲，它怎麼能變成一種義務呢？

姑且假定有這麼一種所謂的權利，但我認爲其結果必然會產生一大堆難以解釋的荒謬的觀念，因爲，只要權利要靠強力才能取得，則它的後果就會隨原因而改變。凡是戰勝了前一種強力的強力，就會接收前一種強力的權利。一旦人們可以不受懲罰地不服從，人們就會正大光明地不再服從。儘管最強者總是有理的，他可以採取他認爲最有效的辦法使自己成爲最強者，然而，這種隨強力的停止便會消失的權利，算得上是權利嗎？如果要施加強力，人們才服從，那麼，人們就不是出於義務而服從的了。只要人們不再被強迫服從，他們就沒有服從的必要了。可見「權利」一詞並沒有給強力增添什麼有利的理由。它在這一點上，沒有任何意義。

你們要服從權威。如果這句話的意思是說屈服於強力，這條誡命當然是說得對，不過是多餘的。我敢保證誰也不會違反它。一切權力都來自上帝[1]；這，我承認；但一切疾病也是來自上帝；難道說病了也不許人去請醫生嗎？如果一個強盜在森林深處攔截了我，我不僅因爲受他的強力所迫要交出我的錢包，而且，即使我能把錢包藏起來，我也要出於良心的驅使而必須把錢包交給他嗎？因爲他手中的那把手槍也是一種威嚇呀！

因此，我們的結論是：強力不構成權利；人們只是對合法的權威才有義務服從。這樣一總結，我又回到我開篇提出的那個問題上了。[2]

◆註釋◆

[1] 這句話，是聖保羅說的。他說：「在上有權柄的，人人當順服他，因為沒有權柄不是出於上帝的；凡掌權的，都是上帝所命的。」（《聖經．新約全書．羅馬書》第十三章第一節）盧梭之所以要把這句話提出來加以批駁，是為他在本書第三卷第六章最後一段批評君權神授說的鼓吹者博絮埃作鋪陳。——譯者

[2] 指本卷第一章開頭所說的：「是什麼原因使它（權威）成為合法的？」——譯者

第四章　論奴隸制[1]

既然任何一個人對他的同胞都不擁有天然的權威，既然任何強力都不可能產生權利，於是，人與人之間就只有用約定來作一切合法權威的基礎了。

格勞秀斯說，既然一個人能轉讓自己的自由，使自己成爲某個主人的奴隸，爲什麼一個國家的人民就不能轉讓他們的自由，使自己成爲某個國王的臣民呢？[2]在格勞秀斯的這段話中，有幾個詞的意思含糊不清，需要解釋一下。不過，我們在這裡只解釋「轉讓」這個詞的意思。「轉讓」這個詞的意思是送給或賣給他人。不過，一個做他人奴隸的人並不是把自己奉送給他人，而只不過是爲了生計而把自己賣給他人。但是，一個國家的人民爲什麼要出賣他們自己呢？何況一個國家的國王不僅沒有爲他的臣民提供他們的生活用品，反倒是他自己要從臣民那裡取得他自己的生活用品。正如拉伯雷[3]所說的：一個國王如果一無所有的話，他也是無法生活的。難道說，人民在奉送他們的人身時，還要以國王攫取他們的財產爲條件嗎？我看，如果照這個條件辦的話，那他們就會一無所剩了。

有人說，專制主能保證他的臣民共用社會太平。即便是這樣，但是，如果由於專制主的野心而使他們遭到了戰爭，如果由於專制主的無限貪欲和他的官吏們的胡作非爲，因而使他們遭到的苦難之多更甚於他們的鄰里糾紛的話，那麼，他們能從這種社會太平中得到什麼呢？如果這種太平本身就是他們遭到的災難之一，這種太平能給他們帶來什麼好處？監牢裡的生活也很平靜，能說在監牢裡生活是很幸福的嗎？被關在賽克洛普[4]的洞穴中的希臘人，生活得也很平靜，但他們的結局是：一個一個被吃掉。

說一個人可以無償地把自己奉送給別人，這種說法是很荒謬的和不可思議的；這樣一種奉送行爲是不合法的，因而是無效的，因爲，單單這一行爲的本身就足以說明做這種行爲的人的理智出了毛病。說全國人民都可這樣做，那更是無異於說全國人民都瘋狂了，然而瘋狂的行爲是不能構成權利的。

即使每個人可以轉讓他自己，但他不能轉讓自己的孩子。孩子們生來也是人，並且是自由的；他們的自由屬於他們，除他們本人以外，誰也無權處置。[5]在他們達到有理智的年齡以前，他們的父親爲了他們的生存和增進他們的幸福，是可以代表他們訂一些條約的，但絕對不可以不可挽回地和無條件地把他們奉送給別人。因爲這樣一種奉送是與大自然的意願相違背的，而且超過了做父親的權利。因此，要使一個專制政府成爲合法的政府，就必須讓每一代人民做主：是承認它還是否認它。這樣一來，這個政府也就不成其爲專制的了。

放棄自己的自由，就是放棄自己做人的資格[6]、就是放棄做人的權利，甚至就是放棄自己的義務[7]。對於一個放棄一切的人來說，是無須給予什麼補償的。這樣一種放棄，是與人的天性不相容的。剝奪了一個人行使自己意志的自由，就等於是剝奪了他的行爲的道德性；規定一方享有絕對的權威，而另一方無限地服從，這種條約本身就是無效的和自相矛盾的。很顯然，對我們有權要求他做一切事的人來說，是無須承擔什麼義務的。這樣一種既不等價又無交換的條件，難道不是顯示出它本身是無效的嗎？因爲，既然我的奴隸所有的一切都屬於我，既然他的權利就是我的權利，他還有什麼權利反對我？這樣一種我自己反對自己的權利，豈不是一句毫無意義的空話嗎？

格勞秀斯和其他一些人說什麼戰爭是這種所謂的奴役權的產生的另一個根源。據他們說，戰勝者有處死被戰勝者的權利，但被戰勝者可以用自己的自由爲代價去贖取自己的生命。據說，這種約定不僅對雙方都有利，而且更合法得多。

很顯然，這種所謂的處死被戰勝者的權利，無論從哪方面說，都不是戰爭狀態的結果。因爲，生活在原始的獨立狀態中的人，在他們之間根本沒有任何一種關係能持久到足以構成和平狀態或戰爭狀態，所以他們絕對不可能成爲天然的敵人。釀成戰爭的，是物的關係，而不是人的關係。既然戰爭狀態不可能產生於單純的人與人的關係，而只能產於實物的關係，那麼，無論是在無任何固定財產的自然狀態中，還是在一切都受法律管轄的社會狀態中，都不可能發生私人戰爭或個人對個人的戰爭。

至於私人之間的鬥毆、決鬥或衝突，這類行爲根本不可能構成什麼狀態[8]；而由法蘭西國王路易九世[9]的詔令允許的，後來又由「上帝的和平通諭」[10]禁止的私人戰爭，那是由於封建政府的濫用職權造成的。這種荒謬的制度，雖曾一度實行，但那是違反自然權利的原則和良好的政治制度的。

可見戰爭絕對不是個人與個人的關係，而是國家與國家的關係。在戰爭中，個人與個人之間也只是偶然成爲敵人，而且不是以個人的身分成爲敵人，更不是以公民的身分成爲敵人，而是以士兵的身分成爲敵人*；不是作爲國家的成員而是作爲國家的保衛者而成爲敵人。總之，每個國家都只能以另一個國家爲敵，而不能以人爲敵，因爲在不同性質的事物之間，是不能確定任何眞正的關係的。

這條原則，與每個時代確立的準則和一切文明民族習慣的做法是相符合的。向某個國家宣戰，不僅只是向該國的君主發出通知，而更重要的是告知該國的臣民。凡是外國人，不論他是國王還是普通人或整個民族，如果未向某個國家的君主宣戰便搶劫、殺害或關押該國的臣民，那他就不是敵人，而是強盜；即使在戰事進行的時候，一個行事公正的君主也只是攫取敵國屬於公共的財產，而對於個人的人身和屬於個人的財產還是十分尊重的；他尊重他的權利所依據的那些權利。戰爭的目的是摧毀敵國，因此戰勝國有權處死那個國家的保衛者，只要他們手執武器抵抗。但是，一旦他們放下武器投降，不再當敵人或敵人的工具，他們便重新成爲一般的人了，人們就沒有權利傷害他們的生命。有時候人們可以消滅一個國家的政權，但不消滅那個國家的任何一個成員。由此可見，戰爭不能產生與它的目的無關的權利。格勞秀斯不承認這些原則。這些原則不是建立在詩人的權威的基礎上的[11]，而是從事物的性質推導出來的，是建立在理性的基礎上的。

至於征服權，它所根據的純粹是最強者的法則。既然戰爭並未賦予戰勝者屠殺戰敗國人民的權利，則他所不具有的這種權利就不能構成他奴役那個國家的人民的權利的基礎。人們只是在無法使敵人成爲奴隸的時候，才有權殺死敵人；可見，把敵人轉變成奴隸的權利並不來自殺死敵人的權利。既然沒有剝奪他人生命的權利，則強要他人以他的自由爲代價贖買他的生命，就是一種極不公平的交易。根據奴役權來確定生殺權，又根據生殺權來確定奴役權，這樣做法，難道不是明顯的陷入一種惡性循環嗎？

即使征服者有這種可以任意屠殺的可怕的權利，但我也認爲一個由戰爭造成的奴隸或一個被征服的民族，除了被強迫服從以外，對其主人便無其他的義務。征服者既然取得了奴隸的生命的等價物，這就意味著征服者並沒有對奴隸給予任何恩惠：他只不過是不在無利可圖的時候殺死奴隸，而要等到有好處可得的時候才下手。可見，除了強力以外，征服者對奴隸並沒有更多的權威，他們之間的戰爭狀態依然像從前那樣存在；他們之間的關係就是這種狀態的結果。戰爭權的使用，就意味著他們之間不存在和平條約。有人說他們之間有一個約定；我認爲，即使有，但這個約定不但不表明戰爭狀態已經消除，反而表明戰爭狀態還繼續存在。

由此可見，無論從哪方面來觀察這個問題，都可看出奴役權是根本不存在的。這不僅是因爲它不合法，而且是因爲它是荒謬的和毫無道理的。「奴役」和「權利」這兩個詞的意思是互相矛盾的和互相排斥的。無論是一個人對另一個人還是一個人對一個國家的人民，以下這種說法都是很荒唐的：「我與你訂一個一切義務全由你承擔，而一切好處全歸我所有的約定；我高興遵守才遵守；而在我高興的時候，你便必須遵守。」[12]

◆註釋◆

【1】在本卷中，以這一章（第四章）最為重要。從某種程度上來看，可以說它是第二卷第一章（《論主權是不可轉讓的》）的前導。這兩章互為補充：兩章的中心思想是著重闡明：自由是一種不可轉讓的權利；一個人不能轉讓他的自由，同樣，一個國家的人民不能轉讓他們的主權。——譯者

【2】格勞秀斯的這段話是這樣說的：「既然按照古希伯來的法律和古羅馬的法律，允許一個人願意當誰的奴隸就當誰的奴隸，那麼，為什麼一個國家的人民就不能臣服於一個或幾個人，把統治自己的權利毫無保留地轉讓給他們呢？」（格勞秀斯：《戰爭與和平法》，第一卷，第三章）——譯者

【3】拉伯雷（一四九四—一五五三），法國作家，主要作品有《巨人傳》等。——譯者

【4】賽克洛普，希臘神話故事中的獨眼巨人。——譯者

【5】「自由是孩子們作為人而得自上天的禮物，所以他們的父母無權剝奪。可見奴隸制的建立是有傷天性的；只有改變了人的天性，才能使奴隸制長久存在。法學家們口口聲聲說什麼奴隸的孩子生下來就是奴隸，其實，他們真正的意思是說人生下來就不是人。」（盧梭：《論人與人之間不平等的起因和基礎》，李平漚譯，商務印書館，二〇〇九年版，第一〇九頁）——譯者

【6】一七五五年盧梭在《論人與人之間不平等的起因和基礎》中就忠告過人們：「既然自由是人的財富中最寶貴的財富，那麼，為了取媚於一個殘暴的或瘋狂的主人，就毫無保留地拋棄他們得自上天最寶貴的恩賜，甚至屈從主人的旨意去犯造物主禁止我們去犯的種種罪惡，這豈不是在使人類的天性墮落，把自己完全置於那些受本能支配的禽獸的水準嗎？」（盧梭：《論人與人之間不平等的起因和基礎》，李平漚譯，商務

印書館，二〇〇九年版，第一〇八頁）——譯者

【7】這句話，是對普芬道夫的批評。普芬道夫說：既然一個人可以透過協議或契約把他的財產轉讓給另一個人，那麼，他也可以為了別人的利益把他的自由轉讓給別人。盧梭認為普芬道夫的這種推論「是大錯特錯的。因為，第一，我的財產一經轉讓之後，就變成與我無關的東西，別人如何濫用，與我沒有關係，然而，如果別人濫用我的自由，那就與我有關係了，因為我很有可能成為別人犯罪的工具，去做一些使我不得不成為罪人的壞事。此外，財產權是人們協定和制度的產物；一個人可以任意處置自己擁有的東西，然而上天給我們的主要禮物，就不能讓別人任意處置了，例如生命和自由就是如此。」（同上）——譯者

【8】「狀態」，指戰爭狀態。——譯者

【9】路易九世（一二一四—一二七〇），法國國王（一二二六—一二七〇在位）。——譯者

【10】上帝的和平通諭，是指在中世紀反對封建領主的鬥爭中，教會為保護非戰鬥人員而發布的通諭（一六一六）：無論戰爭多麼激烈，都不得傷害教士、商人、朝聖者和農夫，違者將被逐出教會。——譯者

* 羅馬人比世界上的任何其他民族都更懂得和更尊重戰爭的權利；在這一點上，他們是一絲不苟地執行的：任何一個公民，在未明確表明反抗敵人而且指名反抗某個敵人之前，是不允許志願參軍的。小卡圖起初在波比里烏斯麾下的一個團隊服役，後來那個團隊被改編了，因此，老卡圖就寫信給波比里烏斯說，如果他同意他的兒子繼續在他的麾下效力的話，就必須讓他的兒子重新履行軍人宣誓，因為他上一次的宣誓已經失去效力，他就沒有資格拿起武器與敵人作戰。老卡圖還寫信告訴他的兒子：在未做新的宣誓以前，切莫去參加戰鬥。我知道，人們也許會以克魯修姆圍城戰和其他的個別事例來反駁我，但我是根據法律和慣例

提出這個看法的。羅馬人是最不違反他們的法律的，只有他們才有如此美好的法律。——作者

（這條註腳，是一七八二年版本根據從納沙泰爾圖書館收藏的片斷增補的。——譯者）

[11] 盧梭有時候把格勞秀斯和霍布斯相比較；他在《愛彌兒》中說：「我認為，根據大家一方面把格勞秀斯捧上了天，另一方面把霍布斯罵得狗血淋頭的情況看，正好證明根本就沒有幾個明理的人讀過或理解過這兩個人的著作。事實是，他們兩個人的理論完全是一模一樣的，只不過兩人使用的詞句不同罷了。他們論述的方法也是有所不同的。霍布斯是採取詭辯的方法，而格勞秀斯則採取詩人的方法，其他的一切，就完全是一樣的了。」（盧梭：《愛彌兒》，李平漚譯，商務印書館，二〇〇七年版，第七〇三—七〇四頁）——譯者

[12] 著重號是原有的。早在一七五五年盧梭就曾經這樣說過：「如果我們繼續這樣根據權利來論證事實，我們就會發現：所謂專制制度的建立是出於人民的自願，這種說法是缺乏堅實的理由的，也是不符合實際情況的。如果一項契約只約束一方，一切義務由一方負擔，而另一方毫無義務，從而使負擔義務的一方完全處於不利的地位，那麼，要論證這樣一項契約的有效性，也是很困難的。」（盧梭：《論人與人之間不平等的起因和基礎》，李平漚譯，商務印書館，二〇〇九年版，第一〇七頁）——譯者

第五章 論總需追溯到一個原始的約定

即使我對我在前面批駁的那些觀點完全表示贊同，君主專制論的鼓吹者們也不可能從中撈到什麼救命稻草。壓制一群人和治理一個社會，其間是有巨大的差別的。分散的人們即使一個又一個地受某一個人奴役。不論他們的人數是多少，我也只把他們視爲是一個主人和一群奴隸，而不把他們視爲是一個國家的人民和他們的首領。我認爲他們只不過是聚合在一起，而不是結合在一起[1]；他們之間沒有共同的利益，也不構成一個政治體。這個人即使奴役了半個世界的人，他也仍然是一個普通人，他的利益同其他人的利益毫無關係，因此只能是他個人的利益。如果這個人死了，他的帝國在他死後便分崩離析，立刻瓦解，與一棵被人放火燒了的橡樹化成一堆灰燼一樣。

格勞秀斯說：人民可以把自己奉獻給一位國王[2]。照格勞秀斯的這個說法來看，人民在把自己奉獻給國王之前就已經是一個國家的人民了。這種奉獻，其本身是一種政治行爲，它包含一種公眾的意願，因此，在分析人民在選舉國王方面所做的這種行爲之前，最好是先研究一下人民是採用何種行爲而使自己成爲人民的，因爲只有這種必須先於另一行爲的行爲才能構成社會的眞正基礎。

事實上，如果沒有事先約定的話，除非選舉的結果是全體一致的，否則，少數人何以必須服從多數人的選擇呢？那一百個選某人爲首領的人有什麼權利替那十個不選那位首領的人投票呢？少數服從多數這個法則，其本身就是一種約定，說明至少有一次是全體一致的。

◆註釋◆

【1】「把人聚合在一起的方法有千百種，但把人結合在一起的方法卻只有一種。因此，我在本書中只提出一種方法作為構成政治社會的方法。儘管現今有許許多多的團結以這種名稱存在，但沒有任何兩個團體是按同樣的方法形成的，也沒有任何一個團體是按我說的方法結合的。」（盧梭：《社會契約論》初稿本（一七六〇），第一卷，第五章）——譯者

【2】參見本書第十八頁註腳【2】——譯者

第六章　論社會公約

我認爲人類曾經達到過這樣一種境地：在自然狀態下危及他們的生存的障礙之大，已經超過了每一個人爲了在這種狀態下繼續生存所能運用的力量，因此，這種原始狀態已不可能再繼續存在。人類如果不改變其生存方式，就會滅亡。

然而，由於人類不可能產生新的力量，而只能聯手使用現有的力量，因此，除了把大家的力量集合起來形成一股力量，在一個動機的推動下，一致行動，才能戰勝阻力，否則，人類就不可能繼續存在。

這股大力量，只有靠許多人的共同協作才能形成。但是，由於每個人的力量和自由是他保持自己的生存的主要手段，因此，要怎樣做，才能既把它們投入眾人集合的大力量而又不損害自己而且不忽視對自己應有的關懷呢？對於這一難題，根據我在本書闡述的原理，我的解決辦法可以用下面這段話來表述：

「創建一種能以全部共同的力量來維護和保障每個結合者的人身和財產的結合形式，使每一個在這種結合形式下與全體相聯合的人所服從的只不過是他本人，而且與以往一樣的自由。」社會契約所要解決的，就是這個根本問題。

這個契約的條款，由於它本身的性質，是規定得如此明確，所以，只要稍微有些改變，就會使它變爲一紙空文，產生不了作用。儘管這些條款從未被人正式公布過，但它們在所有地方都是一樣的，在所有地方都爲人所默認和公認。社會公約一旦被破壞，每個人便立刻恢復了他原來的權利；只要一失去約定的自由，他就可以收回他早先爲了得到約定的自由而放棄的天然的自由。

這些明白無誤的條款，可以歸結爲這麼一句話：每個結合者以及他所有的一切權利已全都轉讓給整個集體了。因爲，首先，既然每個人都把自己奉獻給集體，可見這個條件對大家都是同等的。既然條件對大家都是同等的，那麼，就不會有人願意使它不利於別人。

其次，由於轉讓是毫無保留的，因此聯合體就必然是盡可能完美的；每一個結合者就不會有什麼額外的要求，否則，如果個人還保留有某些權利，如果在個人與公眾之間沒有一個能做出裁決的共同上級，如果每個人在某些事情上由他自己裁判。那他很快就會事事都由自己作主，這樣一來，自然狀態就會繼續存在，而結合就一定會變成暴虐的或空有其名的。

最後，由於每個人都是把自己奉獻給全體而不是奉獻給任何一個個人，由於每個人都能從其他結合者那裡得到與他轉讓的權利相同的權利，所以每個人都得到了他失去的東西的等價物，並獲得了更多的保護其所有物的力量。

這樣一來，如果我們把社會公約中非本質的東西都排除掉，社會公約就可簡化成如下的詞句：**我們每一個人都把我們自身和我們的全部力量置於公意的最高指導之下，而且把共同體中的**

每個成員都接納爲全體不可分割的一部分。[1]

按照上面的詞句來看，每個締約者立刻就不再是單個的個人了；這一結合行爲立刻就產生了一個在全體會議上有多少成員就有多少張票的有道德的共同體。透過這一行爲，這個有道德的共同體便有了它的統一性，並形成了共同的「我」，有它自己的生命和意志。這樣一個由全體個人聯合起來形成的公共人格，以前稱爲「城邦」*，現在稱爲「共和國」或「政治體」。當它是被動時，它的成員稱它爲「國家」；當它是主動時，則稱它爲「主權者」；把它和它的同類相比較時，則稱它爲「政權」；至於結合者，總起來就稱爲「人民」；作爲主權的參與者，則每個人都稱爲「公民」；作爲國家的法律的服從者，則稱爲「臣民」。不過，這幾個名詞經常混淆，互相通用，只要我們嚴格按照它們的意義使用，知道加以區分就行了。

◆註釋◆

【1】著重號是原有的。——譯者

* 這個詞的真正意思，在現代人中幾乎已完全消失：大多數人都把一個城市看作一個城邦，把一個市民看作公民。他們不知道城市是由家庭構成的，而城邦是由公民構成的。這一錯誤，曾經使迦太基人付出了很大

的代價。我在任何一本書中都沒有看到有誰把「公民」這個稱號給予任何一個君主的臣民，即使是從前的馬其頓人和今天的英國人都沒有用過這個稱號，儘管他們比所有其他國家的人都享有更多的自由。只有法國人隨便亂用「公民」這個詞，因為，從他們的字典中就可看出，他們根本就不明白這個詞的真正意思。要是他們真的知道這個詞的意思而使用這個詞的話，他們就會犯大逆不道的謀叛君主罪。在法國人那裡，這個詞的意思是表示一種德行而不是一種權利。博丹[2]在論述我們的公民和市民時，就把這個詞當作另一個詞來使用，因而犯了一個大錯誤。達朗貝爾先生就沒有犯這個錯誤；他在他寫的《日內瓦》這個詞條裡就非常清楚地區分了我們城市中的四等人（如果把普通的外國人也包括在內的話，是五等人），而構成那個共和國的，只是其中的兩等人。就我所知，還沒有另外一個法國作家了解「公民」這個詞的真正的意思。——作者

【2】博丹（一五三〇—一五九六），法國政治著述家，著有《六論共和國》（一五七六），對絕對君主專制制度大唱讚歌。——譯者

第七章　論主權者

從前面那段表述[1]就可看出：結合的行爲包含有一個公衆與個人之間的相互約定；每一個個人在可以說是與他自己訂約時，便有了雙重身分，即：對個人來說，他是主權者的一個成員；而對於主權者來說，他又是國家的一個成員。但在這裡卻不適用民法中的這條準則，即任何人都可以不遵守他與他自己訂的規約，因爲個人與自己訂約，和個人與全體（個人只不過是全體中的一部分）訂約，這是有很大的區別的。

還需指出的是，儘管公衆的決定可以使所有的人服從主權者，但由於每個人都要受兩個不同的關係的制約，所以不能以相反的理由要求主權者約束其自身。因爲，要求主權者給自己制定一條他不能違背的法律，那是違背政治體的本性的。既然只能按照唯一的同一種關係來考慮自己，可見每個個人都是在與自己訂約，因此，沒有而且也不可能有任何一種約束人民共同體的基本法律，即使是社會契約，也不能。這並不是說，這個共同體在不損害這一契約的條件下不能與外人訂約，因爲對外人而言，它是一個單一體、一個個體。

不過，由於政治體即主權者完全是憑藉契約的神聖性而存在的，所以自己便絕對不能做任何有損於這一原始契約的事，即使對外人，也不能做，例如轉讓他自己的某一部分或者受制於另一個主權者。破壞了他賴以存在的契約，就等於是消滅他自己；自己不存在了，那就什麼事情也不能做了。

人們一旦結合成了一個共同體，則侵犯其中的任何一個成員，就不能不傷害整個共同體；而且，只要稍微對政治體有一點侵犯，就更不能不使它的成員感到這一侵犯行爲對他們的影響。因此，義務和利益使締約的雙方都要互相幫助，要設法在這種雙重關係下把所有一切從這種關係中產生的利益結合在一起。

而且，主權者既然是由構成主權者的各個人組成的，所以主權者就沒有而且也不可能有與他們的利益相反的利益，因此主權權力沒有必要向其臣民提供什麼保證，因爲政治體存心傷害其成員的情況是不可能發生的，我們在後面還要談到它也不可能傷害任何一個個人。主權者正是由於他是主權者，所以他該怎樣行事，他便會永遠都那樣行事。

不過，臣民對於主權者就不是這樣了。儘管有共同的利益，但是，如果主權者沒有確保其獲得臣民的忠誠的辦法，那他也就沒有辦法能使臣民保證履行他們的承諾。

事實上，作爲個人來說，每一個人都有一種與他作爲公民的公意相反的或不相同的個別意志。他的個人利益對他的行爲產生的影響與共同利益對他的行爲產生的影響完全不同。他那絕對的和天然獨立的存在，將使他把他對於共同事業所做的一切都視爲是一種無償的貢獻；不做這種貢獻而造成別人的損失將少於因做這種貢獻而造成自己的負擔。他將把那種構成國家的道德人格，因爲它不是一個個人，便只把它視爲是一個理性的存在；因此，他就只想享受公民的權利而不願意盡臣民的義務。這種不公正的做法長此下去，必將使政治共同體遭到毀滅。

爲了使這項社會契約不致成爲一紙空文，它就不言而喻地包含有這樣一個約定，即：只有它才能使其他約定具有效力；誰拒不服從公意，整個共同體就要強迫他服從公意，這就是說人們要迫使他自由[2]，因爲這是保證每個公民只依附於祖國而不依附其他人的條件[3]。有了這個條件，才能使政治機器有力地運作起來；只有這個條件才能使社會約定成爲合法的。沒有這一條件，任何社會約定都將是荒謬的、暴政的，而且會遭到嚴重的濫用。

◆註釋◆

[1] 指第六章中對社會公約的那段表述。——譯者

[2] 「人們要迫使他自由」，意為迫使他服從法律。因為，正如盧梭在本卷第八章所說的：「服從人們為自己所制定的法律，才能自由。」——譯者

[3] 盧梭在《社會契約論》中要達到的目的之一，就是要保障每個公民不受人身依附之苦，不讓一個人受另一個人的意志的支配，不論另一個人是什麼英明如神的偉大人物。因為，正如他在《論人與人之間不平等的

起因和基礎》中所說的：「在人與人的關係中，最糟糕不過的是讓自己聽任別人的任意擺佈。」盧梭希望的是：所有人都只服從法律而不服從任何個人。關於這一點，他在一七六二年《社會契約論》問世的同時出版的《愛彌兒》中有如下一段精闢的論述：「有兩種隸屬：物的隸屬，這是屬於自然的；人的隸屬，這是屬於社會的。物的隸屬不含有善惡的因素，因此不損害自由，不產生罪惡，而人的隸屬則非常紊亂，因此罪惡叢生。正是由於這種隸屬，才使主人和奴隸都互相敗壞了。如果說有什麼方法可以醫治社會中的這個弊病的話，那就是要用法律來代替人，要用那高於任何個別意志行動的真正力量來武裝公意。如果國家的法律也像自然規律那樣不稍變易，不為任何人的力量所左右，則人的隸屬又可以變成物的隸屬，我們在國家中就可以把所有的自然狀態和社會狀態的好處統一起來，就可把使人免於罪惡的自由和培養節操的道德結合在一起。」（盧梭：《愛彌兒》，李平漚譯，商務印書館，二〇〇七年版，上卷，第八十二—八十三頁）——譯者

第八章 論社會狀態

人類從自然狀態一進入社會狀態，他們便發生了一種巨大的變化：在他們的行爲中，正義代替了本能，從而使他們的行爲具有了他們此前所沒有的道德性；只是在義務的呼聲代替了生理的衝動和權利代替了貪欲的時候，此前只關心他自己的人這時才發現他今後不得不按照其他的原則行事，即：在聽從他的天性驅使前先要問一問他的理性。儘管在這種狀態中他失去了他從自然界中得到的一些好處，但他也得到了許多巨大的收穫：他的能力得到了鍛煉和發展，他的眼界開闊了，他的感情高尚了，他的整個心靈提升到了如此之高的程度，以致，如果不是由於濫用這種新的狀態，因而使他往往墮落到比他原先的狀態還糟的地步的話，他將無限感激使他進入社會狀態的那一幸福的時刻的，因爲正是從這個時刻起，他從一個愚昧的和能力有限的動物變成了一個聰明的生物，變成了一個人。

現在讓我們把人類的收穫和損失中的容易比較的東西例舉如下，看一看他們的所得和所失。人類由於社會契約而損失的，是他們的天然的自由和他們企圖取得和能夠取得的一切東西的無限權利；而他們得到的，是社會的自由和他們對他們擁有的一切東西的所有權。爲了不至於對以上開列的收支項目發生誤解，就必須把以個人體力爲界限的天然的自由和受公意限制的社會的自由加以區別，把依靠個人強力或最先占有權而擁有的財產權和根據正式的身分而擁有的財產權加以區別。

除以上所說的以外，還應當在收穫中加上得自社會狀態的道德的自由；只有這種自由才能使人眞正成爲他自己的主人，因爲，單有貪欲的衝動，那是奴隸的表現，服從人們爲自己所制定的法律，才能自由。不過，在這一點上，我已經講得太多了，何況「自由」這個詞的哲學意思，在這裡不屬於本書討論的範圍。

第九章　論財產權[1]

共同體的每一個成員，在共同體形成的那一刹那間便把他當時所有的一切——他本人和他所有的力量（他的財產是其中的一部分）——都交給共同體了。不過，這並不是說，由於這一行爲，在轉手的時候所有權便改變了性質而成爲主權者手中的財產了。但是，由於城邦的力量無可比擬地大於個人的力量，所以公共的所有權雖然不是更合法（至少對外邦人來說是如此）但實際上比個人的所有權更強大和更不可變更，因爲，根據社會契約（在一個國家中，它是一切權利的基礎）對一個國家的成員來說，國家是他們的一切財產的主人；但對於其他國家而言，國家便只能根據它得自個人的最先占有權，才能成爲財富的主人。

最先占有者的權利，雖然比最強者的權利更爲眞實，但也只能在財產權確立之後才能成爲一種眞正的權利。每一個人都天然有權獲得爲他所需要的一切東西；但是，這一使他成爲某些財富的主人的積極行爲，便排除了他成爲其他財富的主人的權利。他一旦取得了他所需要的那一份，他就要以此爲限，就不應當對共同體要求更多的權利。這就是爲什麼最先占有者的權利在自然狀態下是那樣的脆弱，但卻爲處於社會狀態中的人所尊重的原因。在行使這一權利時，人們對屬於他人所有的東西的尊重程度，是不如對不屬於自己所有的東西的尊重的。

一般來說，要認可最先占有者占有某塊土地的權利，就必須符合這樣幾個條件：首先，這塊土地尚無人居住；其次，他只能占有爲了維持他的生活所需要的範圍；第三，對於這塊土地的占有，不能單憑某種表面的儀式，而要憑他的勞作與耕耘——在缺乏法律觀念的情況下，這兩項是財產權受到他人尊重的唯一標誌。

事實上，把最先占有權按照需要和勞動而給予，這難道不意味著將把它盡可能擴大嗎？難道不能對這種權利加以限制嗎？只要把腳一踏上某塊公有的土地上，就能宣稱自己是那塊土地的主人嗎？難道憑強力把別人從一塊土地上一時趕走，就永遠剝奪了別人回來的權利嗎？一個人或一個民族如果不是用該受懲罰的篡奪手段奪取了大自然給予其他人的居住地和食物，又怎能占有人類的一大塊土地呢？努涅斯·巴爾博亞[2]以卡斯提國王的名義站在海邊上一宣布占有了南太平洋和整個南美洲，就能剝奪那裡所有居民的土地，並把世界上其他國家的君主都排斥在外嗎？這種毫無法律效力的儀式，如果愈來愈多地進行的話，那位信奉天主教的國王[3]坐在他的寶座上只要一揮手，就可以占領整個世界，儘管在他的帝國的版圖中有些地方以前是早已由其他君主占領了的。

人們可以想像得到個人所有的一塊一塊聯結在一起的土地是怎樣變成公共的土地的，可以想像得到主權權利的行使只要從臣民本身擴展到他們所占有的土地，就會變成既是對物的又是對人的權利，從而使土地的占有者陷入更加依附的地位，並使他們的力量本身轉變成使他們效忠的保證。這種便宜，古代的君主們似乎並未充分覺察到，因此，他們只把自己稱爲波斯人的王、塞族人的王或馬其頓人的王，只把自己視爲是人的首領而不是國土的主人。今天的君主們就很聰明了，他們把自己稱爲法蘭西國王、西班牙國王、英格蘭國王等等。這樣，他們既占有了土地，而且還更加合理地把土地上的居民變爲他們的臣民。

在這一轉讓行爲中，奇特之處在於：共同體在接受個人的財富時，不僅沒有眞正剝奪個人的財富，反而保證了個人對財富的合法擁有，把占有轉化爲一種眞正的權利，把對財富的享用轉化爲對財富的所有權。這時候，財富的擁有者將被視爲是公共財富的保管者，他們的權利將受到國家所有成員的尊重，以國家的全部力量保證它不受外邦人的侵犯。這種轉讓對公眾有利，對他們自己更爲有利，可以說他們得到了他們所獻出的一切。這是一個「悖論」，但只要明白了主權者和所有者對同一塊土地的權利是有區別的，這個悖論就不難理解了。這一點，我們在後文還要談到[4]。

也可能出現這種情形：人們在未占有任何土地之前就開始結合，然後去占有一塊足以供大家之用的土地，大家共同享有、或者平分、或者按主權者規定的比例來分。這種占有，不論是用什麼方式取得的，每一個個人對他的土地的權利都應從屬於共同體對大家的土地的權利。沒有這一條，社會聯繫就不可能鞏固，主權的運用就沒有眞正的力量。

現在讓我用這樣一句足以構成一切社會制度的基礎的話來結束本章和本卷：「基本公約不僅沒有摧毀自然的平等，反而以道德的和法律的平等來代替自然所造成人與人之間的身體上的不平等[5]，因而，雖然人與人之間在體力和智力上不相等，但由於公約和權利的保證，他們人人都是平等的。」*

◆註釋◆

【1】人類進入社會狀態後，財產觀念必將產生，這是人類思想發展過程中必然出現的問題。盧梭在他的《愛彌兒》中主張，應當讓孩子從小就建立這個觀念。用什麼辦法讓孩子建立這種觀念呢？是直接灌輸，教他長大以後如何聚斂錢財嗎？不是，恰恰相反，盧梭採取的辦法是從「追溯財產的起源開始，」使孩子透過勞動，對財產，特別是對土地占有權有一個正確的認識。書中關於種蠶豆的對話很有趣，用天真平凡的語言闡明了複雜的經濟學問題。（參見盧梭：《愛彌兒》，李平漚譯，商務印書館，二〇〇七年版，上卷，第一〇四－一〇六頁）——譯者

【2】努涅斯．巴爾博亞（一四七五－一五一七），西班牙航海家，一五一三年發現南美洲和南太平洋，即宣布它們為西班牙的領土和領海。——譯者

【3】指前面所說的卡斯提國王。——譯者

【4】見第二卷第四章。——譯者

【5】「我認為人類當中存在著兩種不平等，其中一種，我稱之為自然的或生理上的不平等，因為它是由自然確

定的，是由於年齡、健康狀況、體力、智力或心靈的素質的差異而產生的。另外一種，可以稱為精神上的或政治上的不平等，因為它的產生有賴於某種習俗，是經過人們的同意或至少是經過人們的認可而產生的。這種不平等，表現在某些人必須損害他人才能享受到的種種特權，例如比他人更富有、更尊榮、更有權勢，或者至少能讓他人服從自己。」（盧梭：《論人與人之間不平等的起因和基礎》，李平漚譯，商務印書館，二〇〇九年版，第四十五頁）——譯者

*在壞政府治理下，這種平等只是表面的和徒具形式的，只能使窮人永遠陷於貧困，使富人不斷奪取財富。事實上，法律總是有利於擁有財富的人而不利於一無所有的人[6]。由此可見，只有在人人都有一些東西，而又沒有任何一個人擁有太多的東西的時候，社會狀態才對大家有利。——作者

[6] 盧梭在他的《愛彌兒》中也表述了同樣的見解。他說：「所有一切國家的法律的普遍精神，都是袒護強者、欺凌弱者；袒護富人、欺凌窮人。這個缺點是不可避免的，而且是沒有例外的。」（盧梭：《愛彌兒》，李平漚譯，商務印書館，二〇〇九年版，上卷，第三二八頁）「這個缺點是不可避免的，」這個話說得多麼沉痛！連神聖的法律都如此無奈，這難道不可悲嗎？當今世界各國的議會和司法界與學術界的人們能不能特別關注一下這個問題，找到一個解決的辦法呢？——譯者

第二卷

第一章　論主權是不可轉讓的

從前面確立的原則所產生的第一個也是最重要的一個結果是：只有公意才能按照國家成立的目的即共同的福祉來指導國家的各種力量，因爲，雖說由於個人利益的衝突使社會的建立成爲必需，但只有靠這些個人的利益達成一致，才使社會的建立成爲可能。正是由於這些不同的利益有共同的地方，所以社會聯繫才得以形成；如果不同的利益不在某一點上達成一致的話；任何社會都不可能存在。因此，社會應當獨一無二地按照這個共同的利益來治理。

因此我認爲：既然主權是公意的運用，那它就永遠是不可轉讓的；主權者既然是一個集體的存在，那就只有它自己能代表它自己。權力可以委託他人行使，但意志不能聽任他人支配。

事實上，雖說個別意志在某一點上與公意相一致並不是不可能的，但這種一致至少是不能持久的和不能經常的，因爲個別意志由於其本性而總是傾向於偏私，而公意總是傾向於平等。若想使這種一致有保證，那就更不可能了；即使可能，那也不是由於人的安排，而是偶然產生的結果。主權者可以說：「我的意圖正是某某人的意圖或至少也是他說他希望如此。」但主權者不能說：「這個人明天想做的事，我也想做。」因爲，要求意志爲了未來而約束自己，那是很荒謬的；不能靠他人的意志許諾不做與某人的幸福相衝突的事。因此，如果人民只一味諾諾連聲地服從，人民本身就會由於這一行爲而解體，從而喪失其人民的品質[1]；只要主權者之上出現了一個主人，主權者就不再存在，這個政治體就被完全摧毀了。

這並不是說首領的號令在主權者可以自由地反對而沒有反對的情況下，也不能被視爲是公意。在這種情況下，普遍的沉默，就可以被視爲是人民同意了。這一點，我們以後將詳加解釋。

◆註釋◆

[1] 讀到這裡，使人回想起盧梭在第一卷第四章中所說的「放棄自己的自由，就是放棄自己做人的資格」。——譯者

第二章　論主權是不可分割的

主權既然是不可轉讓的，同理，主權也是不可分割的，因爲意志要麼是公意*，要麼不是；它要麼是整個人民的意志，要麼只是一部分人的意志。在前一種情況下，這種意志的宣告是一種主權行爲，可以形成法律；在後一種情況下，它只不過是一種個別意志或者是一種行政部門的行爲，頂多只能算是一種命令。

然而，我們的政論家們由於他們不能在理論上分割主權，就在主權的行使方面分割主權。他們把它分成強力和意志，分成立法權和行政權，分成稅收權、司法權、戰爭權、內政權和外交權。他們有時候把這些權力混爲一談，有時候又把它們區分開；他們把主權者弄成一個由許多碎塊拼湊而成的怪物，如同把幾個人的肢體拼湊成一個人似的：把其中一個人的眼睛，另一個人的胳臂和另一個人的腳拼湊起來就行了。據說，日本的江湖藝人能當著觀眾的面把一個小孩剁成碎塊，然後把碎塊拋到空中，接著又從空中掉下一個完整的活生生的孩子。我們的政論家玩的就是這套把戲，用只能在鄉村集市上玩的把戲把一個社會共同體加以肢解，然後不知他們又用什麼辦法把它們拼湊起來。

這個錯誤的產生，是由於對「主權」一詞的含義缺乏正確的理解，是由於把主權派生的東西理解爲主權的組成部分，因此，舉例來說，就是把宣戰權與媾和權說成是主權行爲。其實不是；因爲這兩種行爲中，沒有一種是法律，而只是法律的運用，是確定法律事件的行爲。這一點，只要我們把「法律」一詞的意思解釋清楚了，就可以看出來。

同樣，在其他的分類方面，我們發現，每當人們認爲主權是分立的，他們就會犯錯誤。他們認爲是主權各個部分的那些權利，其實是隸屬於主權的，永遠受至高無上的意志的支配；那些權利，只不過是最高意志的行使而已。

由於對這些概念缺乏確切的了解，有一些研究政治權利的作家在判斷國王和人民的權利時便按照他們陳述的理論含糊其辭地下論斷，大家從格勞秀斯的著作[1]第一卷第三章和第四章中就可看出這位大學問家和他的譯者巴貝拉克簡直是在胡亂推理，一個勁兒地詭辯。他們時而擔心把話說得太多，時而又擔心把話說得太少，生怕損害了他們想加以調和的利益。格勞秀斯不滿意自己的祖國，逃亡到法國，一心想討好路易十三；他的書就是獻給路易十三的。他千方百計剝奪人民的權利，一心想把人民的一切權利都奉獻給國王。他的做法正合巴貝拉克的心意：巴貝拉克把自己的譯本獻給英王喬治一世，然而不幸的是雅克二世[2]被趕下臺（他稱之爲「遜位」），因此，他不得不小心、不得不含糊其辭把話說得模棱兩可，以免把威廉說成是一個篡位者。如果這兩位作家都採用了正確的原則，一切難題便都迎刃而解，他們就會旗幟鮮明地表述他們的論斷了。然而，要是他們眞的說出眞理，討好人民，他們可就要大倒其楣了，因爲眞理是不會使他們走運的，人民是無權派誰去當大使或當教授或領一份年金的。

◆註釋◆

* 一種意志要成為公意，並不總是需要全體一致，但對所有的票數都要加以計算，把任何一票排斥在外，就會破壞它的概括性。——作者

【1】指格勞秀斯的《戰爭與和平法》。——譯者

【2】雅克二世，即英王詹姆士二世（一六八五—一六八八年在位），因改宗天主教並過分地親近法王路易十四，遭到英國人民和英國國會的不滿，被國會廢黜，逃到法國；一六八八年英國國會迎其女婿——信奉新教的威廉三世為英國國王。——譯者

第三章　論公意是否會出錯誤

從以上的敘述可以看出公意始終是公正的，永遠以公共的福祉爲宗旨，但不能因此就得出結論說人民的意見也永遠是公正的。每個人都希望得到幸福，但總是不知道如何得到幸福。人民永遠不會被敗壞，但人民往往會受欺騙。正是由於這個緣故，人民看起來才好像是願意把不好的東西當作好的東西來接受。

眾意和公意之間往往是有很大的差別的；公意只考慮共同的利益，而眾意考慮的則是個人的利益；它是個別意志的總和。但是，從眾意中除去互相抵消的最多數和最少數以後*，則剩下的差數仍然是公意。

當人民在充分了解情況的前提下進行討論時，公民之間就不會互相勾結，即使有許許多多小分歧，那也會產生公意的，而且討論的結果也總是好的。但是，如果有人玩弄陰謀，形成了犧牲大眾利益的小集團，則每一個這種集團的意志對其成員來說就成了公意，而對國家來說就成了個別意志，這時候，我們可以說，就不再是有多少人就投多少票，而只能是有多少小集團就投多少票了。分歧固然是減少了，但結果卻不是公意了。而且，只要這些小集團中有一個是強大到勝過所有的其他小集團，則你所得到的結果就不是小分歧的總和，而是一個唯一的分歧；這樣一來，公意沒有了，占上風的意見，是個別意見。

因此，爲了使公意能更好地得到表達，就不能允許國家之中存在小集團，並讓每個公民按照他自己的想法表達他自己的意見**。偉大的萊格古士[1]的獨特的和良好的辦法就是如此。如果已經出現了小集團，那就使小集團的數目得到增加，以防止他們之間不平等；梭倫[2]、努瑪[3]和塞爾維烏斯[4]就是這樣做的。這些防範的措施，是使公意能夠永遠充分展示並使人民不犯錯誤的唯一好辦法。

◆註釋◆

* 達讓松侯爵說：「每一種利益都有不同的原則；兩種個別利益的一致，是由於與第三種利益相對立而形成的。」達讓松還說：大家的利益一致，是由於與每個人的利益相對立而形成的。如果完全不存在不同利益的話，也就很難感覺到那種毫無任何障礙的共同利益了。要是這樣的話，一切都將自動進行。而政治也就不成其為一種藝術了。——作者

** 馬基維利說：「事實上，既有對共和國有害的人群，也有對共和國有利的人群。有害於共和國的，是那些

結幫派的人群；有利於共和國的，是那些不結幫派的人群。雖然共和國的締造者不能避免國內出現紛爭，但他至少應當明令禁止人們朋比為奸占山頭。」（《佛羅倫斯史》，第七卷）——作者

【1】萊格古士，傳說中的斯巴達國王；他採取土地均分的辦法來消除財富的不平等。——譯者

【2】梭倫（約西元前六四〇—前五五八），古希臘的立法者；他把公民按照他們的財富的多寡，分成四個等級。——譯者

【3】努瑪，傳說中的羅馬國王；他按照公民各自的職業將他們分成許多小團體。——譯者

【4】塞爾維烏斯，傳說中的羅馬國王；他把羅馬城中的居民編成許許多多「百人團」。——譯者

第四章　論主權權力的界限

既然國家或城邦只不過是一個道德人格，它的生命在於它的成員的結合，而它最重要的關懷是它自己的存在，那麼，它就需要有一種普遍的強制力，以便按照最有利於全體的方式來推動和支配各個部分。如同大自然使每一個人都對他的四肢擁有絕對地運用的權力一樣，社會公約也使政治體對自己的成員擁有一種絕對的支配的權力。正如我已經說過的，這種權力，當它受公意的指導時，便稱爲「主權」。

除了公共人格之外，我們還要注意到那些組成公共人格的個人：每個人的生命和自由是天然獨立於公共人格之外的。因此，必須對公民和主權者各自的權利有一個明確的區分*，對前者以臣民的資格應盡的義務和以人的資格應享有的自然權利有一個明確的區分。

大家應當知道，由於社會公約，每個人從他的權利、財富和自由中轉讓出來的，只是其用途對共同體是至關重要的那一部分；因此，大家同樣應當知道的是：只有主權者能判斷哪些事情是至關重要的。

一個公民能對國家提供的各種服務，只要主權者一提出要求，他就應當立刻照辦；但主權者絕對不能對臣民施加對共同體沒有用處的約束，它甚至連想都不敢想，因爲按理性的法則，沒有理由的事，就不能做；按照自然的法則，同樣是不能做的。

把我們與社會體聯繫在一起的那些約定之所以是必須履行的，完全是由於它們是相互關聯的，是由它們的性質所決定的：一個人在履行這種約定時，就不可能不是在爲他人效力的同時也是在爲自己效力。如果不是因爲大家都把「每個人」這個詞理解爲他自己，都想到爲大家投票也就是在爲自己投票，公意又怎麼會總是公正的，而且大家又怎麼會都希望他們當中的每一個人都幸福呢？這就證明權利平等和它們所產生的正義觀念是由於每個人的偏私所產生的，因而也是由於人的天性所產生的；這也證明了公意要眞正成爲公意，就應當在它的目的和本質上是公正的：它必須來自全體，才能適用於全體。如果它傾向於某個個別的和特定的目的的話，它就會失去它天然的公正性，因爲這時候我們是根據一些與我們無關的事情來進行判斷的，因而便沒有眞正的公平原則來指導我們。

事實上，一項個別的事情或個別的權利，只要在某一點上未被事先的公約所規定，就會引起爭議。在這場爭議裡，有關的個人爲一方，而公眾則爲另一方，但我在這裡既不知道它應當遵循什麼法律，也不知道該由哪位法官來判決。這時候，如果把它提交給公意去表決的話，那是很可笑的，因爲公意只能是一方的結論；這種結論，對另一方來說則是一種外來的和個別的意志，因而將造成不公平，而且容易犯錯誤。另外，正如個別意志不能代表公意一樣，公意一有了個別目的，它就會改變它的性質，就不能再作爲公意對某個人或某件事情做出判決。例如，當雅典的人民任命或罷免他們的首領，或者對某人授予榮譽或對另一人進行懲罰，如果他們不加區別地用許許多多個別的法令來做應該由政府來做的事，這時候，人民就不再有眞正意義的公意；他們就不是作爲主權者行事，而是作爲行政官行事了。這似乎與一般人的看法相反，不過，請允許我留待以後來陳述我的看法。

人們由此可以想像得到：公意之所以能成爲公意，不在於它所得的票數，而在於其間有使人們結合起來的共同的利益。因爲，在這種制度下，每個人都必然會服從他要求別人遵守的條件；這種利益和正義二者之間的可讚美的一致性，使公眾的討論具有一種任何其他個別事情所沒有的公正性。在個別事情的討論中，由於沒有能把法官的準則和當事人的準則聯繫起來形成一致的共同利益，因此這種公正性便消失了。

無論從哪方面探討這個原則，我們都會得出同樣的結論，即：社會公約在公民之間將奠定這樣一種平等，使他們每個人都遵守同樣的條件，從而享受同樣的權利。可見，由於公約的性質，主權的一切行爲，也就是說眞正出於公意的一切行爲，都將同等地約束或關心所有的公民，因而主權者只認國家共同體而不區別對待組成這個國家中的任何一個個人。然則，主權行爲嚴格說來究竟是一種什麼行爲呢？它不是上級與下級之間的約定，而是共同體與它的每個成員之間的約定。這個約定是合法的，因爲它是建立在社會契約的基礎上的；是公平的，因爲它對所有的人都是一樣的；是有益的，因爲它除了大家的幸福以外，便沒有其他的目的；是鞏固的，因爲它有共同的力量和最高權力做保證。只要臣民們都只服從這樣一個約定，他們就不是在服從任何一個個人，而是在服從他們自己的意志。如果問主權者和公民各自的權利會擴大到何種程度，那就等於是問公民們將自己約束自己——每個人對全體和全體對他們當中的每一個人——到何種程度。

由此可見，主權權力無論是多麼絕對、多麼神聖和多麼不可侵犯，都不會超過而且也不可能超過公共約定的界限，而且每個人都可自由處置這種約定所留給他的財產和自由；可見主權者無權使某個臣民比另一個臣民承受更多的負擔，因爲，如果他這樣做的話，事情就變成個別的了，主權者的權力就不再有效了。

如果這些論點能得到大家的認同的話，那麼，就不應當再荒謬可笑地說什麼按照社會契約行事，個人就不會不受到一些眞正的損失；因爲，由於社會契約的結果，個人的處境的確比以前的處境好得多。他們這樣做，並不是眞的轉讓了什麼，而是一種有利的交易：以一種不穩定的和不可靠的生活方式去換取一種更美好的和更可靠的生活方式，以天然的獨立去換取社會的自由，以放棄損害他人的強力去換取自身的安全，以自己可被他人戰勝的力量去換取由於社會的結合而擁有的不可侵犯的權利。何況他們奉獻給國家的生命也在繼續不斷地得到國家的保護；即使爲了保衛國家而有喪失生命的危險，這不也是把得自國家的東西還給國家嗎？現在，即使他們將不可避免地要進行戰鬥，要冒著犧牲生命的危險去保護他們生存必需的東西，但在自然狀態下，他們進行的戰鬥不是比現在更頻繁，他們冒的危險不是比現在還大嗎？是的，每個人在必要時都要爲祖國去戰鬥，但從此以後，爲自己而戰鬥的事就不會發生了。爲了我們的安全，而只是去冒一旦失去了安全我們自己就必須去冒的危險中的一部分，這難道不是收益嗎？

◆註釋◆

* 各位細心的讀者，請你們不要急於責備我在這裡自相矛盾。由於語言的貧乏，我在用詞方面未能避免這個矛盾。——作者

第五章　論生死權[1]

有人問，既然個人沒有處置自己生命的權利，他怎麼能把他本來就沒有的權利轉讓給主權者呢？這個問題之所以顯得難以解答，是由於它的提法不對。每個人爲了保護自己的生命都有權去冒犧牲自己生命的危險。我們能說一個人爲了逃避火災而從窗子跳下樓去，是犯了自殺罪嗎？我們能責怪那個在風浪裡被淹死的人在上船的時候怎麼不知道有翻船的危險嗎？

社會契約的目的是旨在保全締約者。誰要達到目的，誰就需要有達到目的的手段，而手段是與某些風險分不開的，甚至與某些犧牲分不開的。誰要依靠他人來保全自己的生命，誰也應當爲了保全他人而在必要時犧牲自己的生命。當法律要求公民冒險時，公民就不應當問法律要求他去冒的危險是大還是小。如果君主對他說：「爲了國家的利益，需要你去效死，」他就應當去死，因爲，他正是按照這個條件才一直平平安安地生活到現在；他的生命不單純是自然的恩賜，而且也是國家的一種有條件的饋贈。

對犯人處以死刑的問題，大體上也可以按照這個觀點來解釋。正是爲了不至於成爲凶手的犧牲品，所以人們才同意，如果自己成了凶手，自己也得死。在社會契約下，人們考慮的不是如何了結自己的生命，而是如何保障自己的生命。不能設想締約者中有誰事先就想到自己會被處以絞刑。

凡是侵犯社會權利的歹徒，便由於他的惡行而成爲危害祖國的叛逆；他破壞了祖國的法律，因而也就不再是祖國的一個成員了，甚至可以說他是在向祖國宣戰。這時候，祖國的存在與他的存在是不相容的，這兩者之中必然有一個被消滅。其實，處死罪犯，所處死的是敵人，而不是公民；起訴書和判決書就是他破壞了社會公約的證明和宣告，因此他就不再是國家的一分子。如果他以居住在祖國爲理由而把他自己看作是祖國的一個成員的話，就應當把他作爲公約的破壞者而流放國外，或者把他作爲公眾的敵人而處死，因爲這樣一個敵人已經不再是一個道德人，而是一個個人；這時候就可以用戰爭的權利處死被征服者。

人們也許認爲對罪犯進行懲罰是一種個別行爲。我同意這種看法；不過，這種懲罰不應由主權者去實施；這是他應當委派別人去行使的權利。我的看法是前後一致的，但我無法把它們全都放在一處陳述。

刑罰的頻繁，顯示政府的軟弱和無能。沒有任何一個壞人是我們無法使之在任何一件事情上都不能做出善行的。我們沒有權利擅用死刑，不能藉口殺一儆百而殺罪犯，只有在保存他就不可能不給人們帶來危險的情況下，我們才能處死他。

至於對一個已經由法律或法官宣布判刑的罪犯行使赦免或減刑的權利，那是屬於超乎法官和法律之上的人的，這就是說屬於主權者的。不過，主權者在這方面的權利還不太明確，而且行使的時候也非常稀少。在一個治理得很好的國家中，刑罰是很少的；這倒不是因爲赦免多，而是因爲犯罪的人少。只有在國家日趨衰亡，犯罪的人日益增多的情況下，罪犯才有免遭懲辦的可能。在羅馬共和國，無論是元老院還是執政官都不曾想過要赦免罪犯；就連人民也不這樣做，儘管有時候也撤銷他自己所做的判決。頻繁的赦免顯示罪犯不久就不需要赦免了。如果出現這種情況的話，後果如何，那是人人都可看得出來的。我已經感到我的心在顫抖，使我不得不把筆放下，把這些問題留給那些從未犯過錯誤和自己不需要赦免的正直的人們去討論。

◆註釋◆

【1】本章是第四章〈論主權權力的界限〉的繼續，論述在何種情況下國家有權要求一個人去冒犧牲自己生命的危險，在何種情況下國家有權處死一個罪犯。——譯者

第六章　論法律

有了社會公約，我們便使政治共同體得以存在並有了生命；現在要做的事情是，透過法律使它運作並表達其意志[1]，因爲使政治共同體得以形成和鞏固的這一原始行爲，還不能決定它爲了保存自己應當做些什麼事情。

事物之所以美好和符合秩序，是由於它們的性質使然，而不是由於人類的約定。一切正義都來自上帝，只有上帝才是正義的源泉。不過，如果我們都能按照這種來自上天的正義行事的話，那我們就既不需要政府，也不需要法律了。毫無疑問，世上是存在著一種完全出自理性的普遍正義的；但是，這一正義要在我們之間得到認同，就應當是相互的。從人類的角度來考察事物，如果沒有自然的制裁，正義的法則在人間就會成爲一句空話。如果一個正直的人對大家都遵守正義的法則，而別人對他卻不遵守，則正義的法則就只有利於壞人而不利於正直的人。因此，爲了把權利和義務結合起來，使正義達到它的目的，就需要有約定和法律。在自然狀態中，一切都是公共的；我對我不曾答應過什麼的人，是沒有任何義務的。我只認爲那些對我沒有用處的東西是屬於他人的；而在社會狀態中，事情就不是這樣了，一切權利都是有法律規定的。

然則，究竟什麼是法律呢？如果人們只從這個詞的形而上學的意義來探討的話[2]，便會愈探討愈弄不明白；即使能解釋自然法是什麼，但也未必因此就能更好地解釋國家法是什麼。

我已經說過，公意是絕不針對個別的對象考慮問題的，無論這個個別的對象是在國家之內還是在國家之外。如果是在國家之外，則這一外來意志對他而言就不是公意；如果這個對象是在國家之內，則他是國家的一部分，這時候，在全體與他的這一部分之間便形成了一種兩個分開存在的對比關係，使他們成爲：部分是一個存在，少去這一部分的全體是另一個存在。但是，全體少去了這一部分就不是全體了。只要這種關係繼續存在，就沒有全體，就只有兩個不相等的部分，因此，這一部分的意志對另一部分而言就不是公意。

當全體人民對全體人民作出規定時，他們考慮的是他們自己，這時，雖然形成了一種對比關係，那也只是從某個觀點來看的整個對象對從另一個觀點來看的整個對象之間的關係，全體並未因之而分裂。這時，由於作出規定的行爲者是公意，它所規定的事情就是帶普遍性的。正是這種帶普遍性的規定，我稱之爲法律。

我說法律的對象永遠是普遍的，我的意思是說法律所考慮的是全體臣民和抽象的行爲，而絕不考慮某個個人或某個個別的行爲。法律可以規定某些特權，但它絕不明確規定把這些特權給予哪一個人；法律可以把公民分成幾個等級，甚至規定取得各個等級的權利的資格，但它絕不指明某人可列入某個等級。它可以確立一個王國的政府，並規定某種繼承的順序，但它並不指定某人爲國王，也不指定誰是王室家族中的人。總而言之，任何一種以個別對象爲目的的職能，都不屬於立法權的範圍。

根據以上的陳述，我們馬上就可看出：我們用不著問應當由誰來制定法律，因爲法律是公意的行爲；也用不著問君主是不是高於法律，因爲君主也是國家的一個成員；更用不著問法律是否公正，因爲誰也不會對自己不公正；也用不著問人既然是自由的，爲什麼又要服從法律，因爲法律是我們自己的意志的記載。

我們還可以看出：既然法律結合了意志的普遍性和對象的普遍性，那麼，任何人，不論他是誰，擅自發號施令都絕對不能成爲法律；即使是主權者對某一個別的對象發出的號令，也不能成爲法律，而只能是一道命令；不是主權行爲，而是行政行爲。

因此，凡是按法律治理的國家，不論它的政府是什麼形式的政府，我都稱它爲「共和國」，因爲只有這樣才是按公眾的利益來治理國家，公共的事物才受到重視。一切合法的政府都是共和制的*；我在後面[3]將闡明政府是什麼。

確切地說，法律完全是社會結合的條件。服從法律的人民，應當是法律的制定者；規定社會條件的，應當是結合成社會的人們。但是，他們如何進行規定呢？他們靈機一動就能達成一致嗎？政治共同體有一個表達自己意志的機構嗎？是誰給政治共同體必要的遠見以事先把這些意志形成條文並加以公布呢？或者，如何在必要的時候宣布這些條文？由於不知道什麼是好的事物因而往往不知道自己需要什麼的盲目的群眾，如何來擔負這一如此艱巨的一系列立法工作呢？人民總是希望自己幸福，但他們總是不知道如何才能得到幸福。公意永遠是正確的，但引導公意的判斷力並不總是明智的。因此，必須使它不僅要看到對象當前的眞實情況，有時候還要使它看到對象呈現的假象，必須向它指出它應當走的道路，使它不受個別意志的誘惑，使它看準時間和地點，要看到未來的隱憂而放棄眼前表面上似乎是有利可圖的好處。個人知道什麼是幸福，但往往輕易失去幸福；公眾希望幸福，但卻看不到幸福在哪裡。這兩者都需要有人去指導：告訴前者如何使他們的意志服從他們的理性，告訴後者如何了解自己需要什麼。這樣，公眾的智慧就能使理性與意志在社會體中結合起來，從而使各部分能完美地通力合作，使全體的力量得到最大的發揮。要達到這些目的，就需要有一個立法者。

◆註釋◆

【1】盧梭在《日內瓦稿本》第一卷第七章《論人為法的必要性》中說：「法律是政治共同體唯一的動力；政治共同體只能是由於法律而行動並為人所感知。沒有法律，人們所建立的國家就只不過是一個沒有靈魂的軀殼，它雖然存在，但不能行動。因為每個人都服從公意，這還不夠；為了遵循公意，就必須認識公意。於是就產生了法律的必要性。」——譯者

【2】這句話是針對孟德斯鳩說的。孟德斯鳩對「法」這個詞下的定義是：「從最廣泛的意義來說，法是由事物

的性質產生出來的必然關係。」（孟德斯鳩：《論法的精神》，張雁深譯，商務印書館，一九八二年版，上冊，第一卷，第一章，第一頁）——譯者

* 我認為這個詞的意思不僅僅是指貴族制或民主制，而且還普遍指一切按公意即法律治理的政府。政府要成為合法的，就不能和主權者混為一談，它只能是主權者的意志的貫徹者。這樣，君主制本身也是共和制。這一點，我將在下一卷中加以闡明。——作者

【3】指本書第三卷第一章。——譯者

第七章 論立法者

爲了能發現適合一個民族的最好的社會規則，就需要有一個能通達人類的種種感情而自己又不受任何一種感情影響的最高的智慧。它雖與我們的天性沒有任何關係，但它又深深了解我們的天性；它的幸福與我們無關，但它又十分關心我們的幸福。隨著時間的推移，它著眼的是未來的光榮：在這個世紀工作，在下一個世紀享受*。要爲人類制定法律，簡直是需要神明。

卡里古拉根據事實來推論[1]，他這個方法到了柏拉圖的手裡就變成根據權利來推論了。柏拉圖在他的書中[2]從權利的角度來描述他所尋求的統治國家的政治人物或做人君的人物是什麼樣子。不過，就算一個偉大的君王是一個罕見的人物，那麼，一個偉大的立法者又是何等人物呢？前者是按照後者制定的模式行事的；後者是發明機器的工程師，而前者只不過是安裝和開動機器的工人。孟德斯鳩說：「在社會誕生的時候，是共和國的首領在制定制度，而此後，就是制度來塑造共和國的首領了。」[3]

敢爲一國人民立法的人，可以說他是自信有能力改變人的天性的。他能把每一個本身是完整的和孤立的個人轉變爲一個更大的整體中的一部分，使他按一定的方式從這個更大的整體中獲得他的生命和存在，並改變和增強其素質，以作爲整體的一部分的有道德的存在去取代我們得自自然的個人身體的獨立的存在[4]。一句話，立法者必須剝奪人原有的力量，而給他外部的、沒有外人的幫助就無法運用的力量。這種天然的力量剝奪得愈多，則社會獲得的力量便愈大和愈持久，制度便愈鞏固和愈完善。從而每個公民如果沒有別人的幫助，就會等於零，就什麼事情也做不成。如果整體獲得的力量等於或大於所有個人的天然力量的總和，這時候，我們可以說立法工作就達到了它能達到的最完美的程度。

無論從哪方面看，立法者在國家中都是一個非凡的人物：不僅由於他的天才是這樣，而且從他的工作來看也是這樣。他從事的，不是行政工作，也不是行使主權。他締造了共和國，但他的工作並不屬於共和國的任何一個部門。他的工作是獨特的和超然的，與人世間的任何其他工作都沒有共同之處，因爲，如果說主管人的人就不應當去管法律，那麼，主管法律的人也不應當去管人，否則，他的法律就會受他的感情的影響，因而就不可避免地將使他個人的觀點敗壞他的事業的神聖性[5]。

萊格古士爲他的國家立法時，是先遜位然後才開始立法的。大部分希臘城邦都有這樣一個習慣的做法：把制定法律的工作委託外邦人去做；現今的義大利共和國也往往仿照這種做法，日內瓦共和國也是如此，而且覺得這種做法很好**。羅馬在最興盛的時候，就已經發現，由於把立法權和主權都集中在幾個人的手裡，國內便出現了許多暴政的罪行，使國家必將陷於滅亡。

不過，十人會議[7]本身從來沒有妄圖擁有單憑他們的權威就能制定法律的權利。他們對人民說：「我們向你們提出的任何建議，沒有你們的同意，就不能成爲法律。羅馬人啊！給你們帶來幸福的法律，只能由你們自己來制定。」

可見，起草法律的人是沒有而且也不應當有任何立法的權利的；而人民本身即使是願意，也是不能剝奪自己這個不可轉讓的權利的。因爲，按照基本公約，只有公意才能約束個人，而個別意志是否符合公意，是只有在人民舉行的自由投票之後才能被確定。這一點，我在前面已經說過，不過，在這裡重申一次，也不是沒有用處。

這樣，在立法工作中同時存在著兩種似乎是互不相容的情形：它既是一項超出人的力量的事業，而在執行方面它又是一個無形的權威。

另外還有一個困難值得我們注意。這個困難是：立法者在向一般的普通人講解法律的時候，如果不用一般老百姓的語言而是用智者的語言，那麼，一般人是聽不懂的。可是，有許許多多的法律概念是無法翻譯成人民的語言的。太籠統的觀念和太遙遠的目標，是超出人民的理解力的。對於政府的各種計畫，每一個個人是只對與他自己的切身利益有關的計畫才感興趣，因此他們很難理解那些要求他們一再做出犧牲的良好的法律會給他們帶來什麼好處。要使一個新生的民族能領會健全的政治準則，並按照符合國家利益的基本規律行事，就需要倒果爲因，就需要使本該是制度的產物的社會精神轉而超越在制度之上，使人民在法律出現之前就成爲他們在有了法律之後才能成爲的那種樣子。因此，立法者既不能用強力也不能用說理的方法，而必須採用另外一種不用暴力也能約束人，不講一番大道理也能說服人的權威。

各個時代的國家的締造者們之所以不得不求助於上天的干預，並把他們的智慧說成是神的智慧，其目的，就是使人民像服從自然的規律那樣服從國家的法律，並認識到在人群的結合和城邦的形成方面都是由於同樣的權威，從而能夠自由地服從，並馴順地承受公共的福祉強加在他們身上的桎梏。

立法者利用這種超出一般人的理解力的崇高說教，把他的決定說成是來自神靈，利用神的權威來約束那些靠人的智慧不能感動的人***。但是，並不是每個人都能讓神發言的，也不是他一自稱他是傳達神意的使者就有人相信的。只有立法者的偉大的靈魂才能證明他的使命的眞正奇蹟。每個人都能僞造碑文，或者賄買一道神諭，或者假託某個神靈，或者訓練一隻小鳥對著人的耳朵叫出幾聲好像是人的語言的聲音，或者用其他更等而下之的辦法欺騙人民，但是，只會玩弄這些花招的人雖然也能一時糾集一群無知的人，但他絕對不能締造一個國家。他所做的那些荒唐事，不久就會和他一起煙消雲散、化爲烏有的。虛假的威望只能維持短暫的聯繫；要使聯繫持久和鞏固，必須靠智慧。迄今依然存在的猶太法律[8]，以及至今統治半個世界已十個世紀之久的以實瑪利的兒子制定的法律[9]，今天還顯示著那些制定這兩種法律的人的偉大。當驕傲的哲學[10]和盲目的宗派思想[11]說他們只不過是一時得逞的騙子時，眞正的政治家卻發現他們創立的制度中存在著一種使他們的勛業得以長存的偉大而高超的天才。

不過，我們不能根據以上所述就得出與華伯登[12]一樣的結論，說政治與宗教在人世間有一個共同的目的；而應當說：在國家始建之時，宗教是用來達到政治目的的工具。

◆註釋◆

* 一個國家的人民只有在他們的立法工作開始衰敗的時候才出名。誰也不知道萊格古士建立的制度已經使斯巴達人享受了多少個世紀的幸福之後，希臘其他地方的人民才開始注意斯巴達人的情形。——作者

[1] 見本書第一卷第二章。——譯者

[2] 指柏拉圖的《政治篇》。——譯者

[3] 見孟德斯鳩：《羅馬盛衰原因論》，婉玲譯，商務印書館，一九九七年版，第一章。——譯者

[4] 這段話的意思，盧梭在《愛彌兒》中也有相同的表述。他說：「好的社會制度是這樣：它知道如何才能夠最好地使人改變他的天性，如何才能夠剝奪他的絕對的存在，而給予他相對的存在，並且把「我」轉移到共同體中，以便使各個人不再把自己視為一個獨立的人，而只視為共同體的一部分。」（盧梭：《愛彌兒》，李平漚譯，商務印書館，二○○九年版，上卷，第十頁）——譯者

[5] 這段話的意思，盧梭在本書第三卷第四章中又再次表述。他說：「由制定法律的人去執行法律，這是不好的；而人民共同體把他們的注意力從帶普遍性的事物轉向個別事物，這也是不好的。再沒有什麼事情比個人的利益在公共事務中發生影響更危險的了。」——譯者

** 有些人只把加爾文視為一個神學家，而沒有發現他的天才的偉大。對於我們的明智的法令的制定，他是付出了許多辛勞的，因而與他的《原理》[6]一樣，使他獲得了巨大的榮譽。儘管隨著時間的推移，在我們的宗教信仰中發生了許多巨大的變化，但是，只要對祖國和自由的愛不在我們心中熄滅，我們就永遠不會忘記這個偉人給我們帶來的恩澤。——作者

【6】指加爾文的《基督教原理》（一五三六）。——譯者

【7】指羅馬十人會議——譯者

＊＊馬基維里說：「事實上，為了使人們能接受新的法律，沒有任何一個立法者不求助於神的干預，而且，必須承認，由於這些法律的性質決定了，不用這個辦法，它們就不會被人們接受。有許許多多好的法理，雖然其重要性已被聰明的立法者所認識，但它們本身卻不具有使人們信服的明顯的證據。」（《李維論》，第一卷，第十一章）——作者

【8】猶太法律，指摩西制定的法律。——譯者

【9】以實瑪利的兒子制定的法律，指穆罕默德制定的法律。——譯者

【10】驕傲的哲學，指伏爾泰的悲劇《穆罕默德》中發表的言論；伏爾泰在劇中稱穆罕默德為「騙子」。——譯者

【11】盲目的宗派思想，指羅馬的天主教會的思想。——譯者

【12】華伯登（一六九八—一七七九），英國神學家，著有專門討論宗教與國家的關係的《宗教與國家的聯盟》（一七三六）。——譯者

第八章　論人民

建築師在修建一座大廈之前，要勘測和探查一下此地的土質，看它是否能承載大廈的重量，同樣，明智的立法者也不先從制定良好的法律本身入手，而要先研究他要爲之立法的人民是否能接受他制定的法律。正是由於這個緣故，柏拉圖才拒絕爲阿加狄亞人和昔蘭尼人制定法律，因爲他發現這兩個民族的人民都很富有，是不容許平等的。也正是由於這個緣故，在克里特雖有良好的法律，但卻出現了許多壞人，因爲米諾王統治的人民有著一身的壞毛病。

地球上有許許多多民族都曾經在沒有良好的法律的情況下繁榮昌盛過；也有許許多多民族雖有良好的法律，但在他們國家存在的歲月中，也只是在一個很短暫的時期裡遵守他們的法律。民族和人一樣，只是在他們青年時期是溫馴的，到年歲稍長，就變得難以駕馭了。習慣一旦形成，偏見一旦扎根，若想把它們加以革除，那是很危險的而且是徒勞的，如同愚蠢的和缺乏勇氣的病人一看見醫生就發抖一樣，人民甚至不願意你爲了消滅他們的缺點而和他們談一下他們的缺點。

如同某些疾病能搞亂人的頭腦，使人失去對過去的記憶一樣，在國家整個存在期間，有時候也不可能不出現一些動盪的時期，這時候，如同疾病給人造成危害一樣，大動亂也將給人民造成大災難，因而使人們對過去不是遺忘而是感到恐懼。這時，經歷了內戰的戰火荼毒的國家可以說是從灰燼中得到了新生，脫離了死神的懷抱，又重新恢復了青春的活力。萊格古士時代的斯巴達就是如此，塔爾幹王朝後的羅馬也是如此；在我們這個時代，把暴君驅逐之後的荷蘭和瑞士也是如此。

不過，這種事例是罕見的、是例外；造成這種例外的原因，是可以在這些例外的國家的特殊體制中找到的。這種例外，在同一個民族中不可能出現兩次，因爲，他們必須尚處於野蠻狀態，才能重新獲得自由，而一旦他們的政治活力衰竭之後，他們就不可能如此了。這時候，憂患將摧毀他們，而革命也不可能使他們重新振奮起來：他們身上的枷鎖一被打碎，他們就四分五散，不再成爲一個民族了。今後，他們需要的是主人，而不是解放者。自由的人民啊！請你們記住這句箴言：我們能爭取自由，但我們永遠不能恢復自由。

如同人一樣，每個民族也是有一個成熟期的；只有等她到了這個時期，才能使之服從法律[1]。不過，一個國家的人民什麼時候才到成熟期，那是很不容易識別的。如果想把它提早的話，那是一定會遭到失敗的。有些民族生來就是可以用法律加以約束的，而另外有些民族即使等上十個世紀也是不可能用紀律約束他們的。俄羅斯人永遠不可能成爲眞正開化的民族，因爲他們開化的時間太早了。彼得[2]有模仿的天才，但他沒有眞正的天才；眞正的天才是創造性的，是白手起家、從無到有的。在他所做的事情中，雖說有些是好的，但大多數都不合時宜。他知道他的人民是野蠻的，但他沒有發現他的人民尚未成熟到可以開化的程度。在需要把他的人民磨礪成吃苦耐勞的民族時，他卻想把他們培養成文質彬彬的人；在需要把他的人民培養成俄國人的時候，他卻想先把他們培養成德國人或英國人。由於他試圖使他的臣民相信他們已經達到了他們尚未達到的那種樣子，反而妨礙了他們達到可能達到的樣子。有一個法國教師就是這樣培養他的學生的：他想使他的學生在孩童時候就顯得聰明過人，結果反而使他一事無成。俄羅斯帝國企圖使全歐洲對它拱手稱臣，但結果很可能是它自己被歐洲所降伏。它的附庸——即那些和它比鄰而居的韃靼人，將成爲它的主人和我們的主人。我覺得這場巨變勢必會發生；歐洲各國的君主都在共同努力使之加速到來。

◆註釋◆

【1】這段話，一七八二年的版本作：「青年不是童年。如同人一樣，每個民族都有一個青年時期，或者說，都有一個成熟時期，只有等她到了這個時期，才能使之服從法律。」——原編者注

【2】彼得，指俄皇彼得大帝（一六七二—一七二五），一六八二—一七二五在位。——譯者

第九章 論人民（續）

大自然爲了使一個人的身材長得很勻稱，便給他定了一個限度，超過了這個限度，他不是長成一個巨人就是成爲一個侏儒。同樣，對於一個體制良好的國家，它的幅員也是有界限的：既不使它過大，以致難於治理；也不使它過小，以致無法養活它的人民。任何一個政治體都有一個它不能超過的力量的極限。然而，由於不斷擴張，它往往會離開這個極限。社會的紐帶愈擴大，便愈鬆弛。一般來說，符合比例的小國是比一個大國治理得更好的。

有千百種理由證明這條準則。首先，如同槓桿愈長則懸在其末端的物體便變得愈重一樣，距離愈遙遠，行政便愈困難。隨著層級的增多，行政的負擔便愈沉重，因爲每個鄉鎮都有它的行政機關，其費用要由人民來負擔；每個縣也有由人民負擔其費用的機關；縣之上有知州和知府，再往上還有巡撫和總督。愈往上，人民的負擔便愈增多，而且負擔這些費用的，都是窮苦的人民。最後，還有那個把全體人民壓垮的最高政府。這麼多超重的負擔必將耗盡臣民的錢財。由這麼多不同層次的政府治理，不僅沒有治理得更好，反而比在他們頭上只有一個政府治理得更糟。這時候，如果出現非常情況的話，人民簡直就沒有餘力來負擔了。國家一告急，往往就瀕臨滅亡的前夕了。

不僅如此，更嚴重的是：政府還更加缺乏能力和果斷的措施去執行法律，去防止官吏騷擾百姓與濫用職權，去消弭邊遠地區發生的動亂。此外，人民對他們根本見不著面的首領，對他們看起來如同異域的祖國，對大部分是他們不相認識的同胞，也更加缺乏感情。要使那麼多風俗習慣和自然條件迥然不同的城市都遵守同一種法律，接受同一種治理方式，那是不可能的。然而，如果對生活在同樣的首領之下的人民實行不同的法律的話，那就必然會引起糾紛和混亂，再加上他們彼此不斷的交往，互相通婚，採取別人的風俗習慣，因而也就不知道他們祖先的遺風對他們是好還是不好了。在這樣一種由一個至高無上的行政權威聚集在一起而彼此又互不認識的人群裡，人們的才智必然會被埋沒，他們的美德無人知曉，他們的惡行也不會受到懲罰。首領們公務繁忙，不可能事事躬親，結果，實際統治國家的，是那些小吏；而為了維護公共權威（對於公共權威，那些遠離其監督的官員們總是想方設法規避或竊取的）而採取的措施，必將耗盡政府的精力，使政府沒有餘力來關心人民的幸福，甚至在緊要關頭幾乎連用來保衛它自己的力量也沒有了。就這樣，一個軀體過於龐大的共同體就會在它自身的重壓下遭到削弱和毀滅。

另外，國家為了自身的鞏固，為了經受得住難以避免的動亂和為了保護自己而不得不做出一些努力，就需要有一個可靠的基礎，因為，無論哪個國家的人民都有一種離心力，像笛卡兒所說的漩渦[1]那樣使他們不斷地互相發生影響，都想犧牲鄰人來擴大自己，因而弱者不久就有被吞滅的危險，而且，除非大家都處於某種平衡狀態，使壓力處處都差不多相等，否則，誰也保不住自己。

由此可見，既有需要擴張的理由，也有需要收縮的理由。能在這兩者之間找到最有利於國家生存的比例，那不是一項只有微小的政治才能就能做到的。我們可以這樣一般地說：前者是對外的和相對的，因而應當從屬於後者，因爲後者是對內的和絕對的。一個健康有力的體制，是我們應當辦好的第一件事情；我們對一個良好的政府產生的活力的重視，應當大於對一個廣大的國土提供的資源。

此外，我們還發現：有些國家由於其體制的本身而需要侵占他國的領土，而且，爲了維持它們自己的存在，便不得不無休止地對外擴張。也許它們自以爲有這種需要是一件好事，殊不知這恰恰預示著隨著它們版圖擴大到了極限，它們不可避免的滅亡的時刻也就到來了。

◆註釋◆

【1】笛卡兒在他的《哲學原理》（一六四四）中說宇宙是由物質和運動這兩個要素構成的：物質在運動的不斷推動下，分裂成許多小塊；而推動物質的運動，其本身也在不斷分化，形成許多渦流。——譯者

第十章 論人民（續）

我們可以用兩種事物來衡量一個政治共同體。這兩種事物，一個是領土的大小，另一個是人口的多寡。在這兩種事物之間存在著一個使國家眞正偉大的適當的比例。構成國家的，是人民；而供養人民的，是土地。因此，這個關係在於使國家的土地足以養活其居民，而居民的人數恰好是土地能供養的那麼多。一定數目的人民的最大限度的力量就來自這個比例。因爲，如果土地太多，則對土地的保衛就是一項沉重的負擔，耕種土地的人力就不足，物產就會過剩——這是出現防衛戰爭的近因。如果土地不足，則國家就會覬覦鄰國的土地來補充自己的土地——這就是引起進攻戰爭的近因。一個民族，如果由於其所處的位置而只能在通商和戰爭之間選擇其一的話，那它本身就是很脆弱的：它要依靠它的四鄰，要受局勢發展的影響，因而便只能有一個風雨飄搖的短暫的存在。它要麼征服他人以改變其處境，否則，就只好被他人征服而滅亡；它只能依靠它的渺小或偉大，才能保有它的自由。

要計算出國土面積和人口數目之間互相適合的確切的比例，那是不可能的，因爲，不僅土地的品質、肥沃的程度、產物的性質和氣候的影響有許多差異，而且還由於居住在這塊土地上的居民的體質也不同；再加上居住在肥沃之地的人消耗少，而居住在貧瘠之地的人的消耗多。另外還要考慮到婦女生育能力的強弱不同，考慮到國家的政策是否有利於人口的繁衍，還要看一個立法者打算用他所立的法使這塊土地上能承受多少人口。在這一點上，一個立法者不能根據他所看到的情況而要根據他所預見到的情況來做判斷；不能根據人口現況而要根據人口天然地可以達到的情況來判斷。另外，由於各個地方有許多特殊的原因，迫使人們或允許人們擁有比他們實際的需要更多的土地。例如山地的人們就可以擴張他們的土地，因爲山地的自然產物，即樹木和牧草，花費的勞動少；而經驗也告訴我們：山地的婦女們的生育能力比平原地的婦女強，而且一大塊坡地上只有一小塊可以耕種的平地。反之，在瀕海之地，即使是在幾乎寸草不生的岩石和沙灘上，人們也可以集中聚居，因爲捕魚可以代替大部分土地的產物，而且必須集中居住才能打退海盜；此外，他們還可以用殖民的辦法來分散過多的居民。

要奠定一個國家，除了上述條件以外，還要另外再加上一個條件。這個條件不能代替其他條件，但是，如果沒有這個條件，則其他條件便全都無法產生作用。我說的這個條件是：人民必須享有富足與和平，因爲在國家初建之時，就如同一支軍隊組編之時一樣，是共同體最缺乏抵抗力和最容易被摧毀的時刻。人們的抵抗力即使是在絕對沒有秩序時也比醞釀時大；因爲在醞釀時，每個人都只顧他自己的地位而不顧危險。在這關鍵時刻，如果突然發生戰爭、饑荒或暴亂的話，國家就必然會被傾覆。

我的意思並不是說在這些風暴時期不能建立政府，事實上，有許多政府就是在這種時期建立的；而是說，使國家遭到毀滅的，正是這些政府本身。篡權者往往要製造混亂或選擇在混亂的時期，利用公眾的恐懼心理透過人民在頭腦冷靜的時候絕不採納的各種危害人民的法律。建立政府的時機的選擇，是人們據以區別它是由立法者建立的還是由暴君建立的最可靠的標誌之一。

然則，什麼樣的人民適合於立法呢？適合於立法的，是這樣一種人民：他們雖然已經由某種起源、利益或約定聯繫在一起，但他們還不曾受過法律的眞正束縛；他們沒有根深蒂固的習慣或迷信思想；他們既不怕遭到外敵的突然入侵，也不參與鄰國的糾紛，而且可以單獨抵抗它們當中的任何一個，或者和一個聯合起來擊退另一個；他們的每一個成員都爲其他成員所認識；他們絕不強迫一個人擔負超過其能力的重擔；他們沒有其他民族的幫助也能過活，而其他民族沒有他們也能過活*；他們既不富也不窮，可以自己滿足自己；最後，他們可以把古老民族的堅韌性和一個新興民族的溫順性結合起來。立法工作之難，是難在它必須摧毀的東西，而不是它必須建立的東西。成功的事例之所以如此稀少，是由於很難找到能與社會的需要相結合的自然的淳樸民風。的確，這些條件是很難全都齊備的，所以體制良好的國家爲數不多。

在歐洲有一個可以爲之立法的國家；這個國家是科西嘉島。這個勇敢的民族在恢復和保衛他們的自由方面所表現的堅韌不拔的氣概，值得一個智者去教導他們如何保持他們的自由。我有某種預感：終有一天，這個小島將震撼全歐洲。[1]

◆註釋◆

*在兩個相鄰的國家中，如果一個沒有另一個就不能過活的話，則對前一個國家來說，這種局面就很難堪，而對後一個國家來說就很危險。在這種情況下，任何一個明智的國家都將努力迅速擺脫這種對另一個國家的依賴。被包圍在墨西哥帝國領土中的斯拉斯加拉共和國寧肯不吃鹽，也不花錢從墨西哥人手中買鹽吃，更不願意接受墨西哥人免費白送的鹽。斯拉斯加拉人看出了隱藏在這種慷慨大方背後的陷阱，因此他們保住了他們的自由。這個被包圍在一個大帝國中的小國，最後終於成了使那個大帝國覆亡的工具。——作者

【1】在歷史上，科西嘉島屢遭外來勢力的侵犯，先後受到羅馬教廷和比薩人的統治，到十四世紀又落入了熱那亞人的手裡。一七六二年盧梭的《社會契約論》發表的時候，這個小小的島國依然是熱那亞的屬地[2]，沒有獲得獨立。

一七六四年，有一個名叫布達富科的軍官讀了盧梭在《社會契約論》中對科西嘉人民所說的這段讚揚的話以後，深受感動，便寫信給盧梭，要求他對科西嘉的政治制度，特別是貴族特權問題，發表看法。布達富科在信中說：「科西嘉差不多就處於你所說的可以進行立法的情況。它迄今還不曾負荷過法律的真正束縛，它不怕被突然的侵略所摧毀，它不需要其他民族的說明也能過活，它既不富也不窮，完全能夠自給自足。」盧梭把布達富科寄給他的材料看了以後，欣然答應了布達富科的要求，為科西嘉人寫了一部《科西嘉制憲意見書》。他在《意見書》的序言中說：「科西嘉人民正處於可以使一部良好的憲法得到實施的理想狀態。」——譯者

【2】到一七六八年併入法國。——譯者

第十一章　論各種不同的立法體系

如果我們努力探索全體人民的最大幸福——這是一切立法體系的最終目的——究竟是什麼，那麼，我們將發現它可以歸結爲兩個主要的目標，即自由與平等[1]。爲什麼要自由？這是因爲一個人如果依附於他人，則國家共同體就會少掉這個人的力量。爲什麼要平等？這是因爲沒有平等，自由就不可能存在。

什麼是政治自由，我在前面已經說過[2]，至於平等，我們不能從這個詞的字面意思理解爲是指一切人的權力和財富是絕對相等的。它的意思是指：任何人的權力都不能成爲暴力，而必須按等級和法律行使；在財富方面，任何一個公民都不能富有到足以用金錢去購買他人，也不能窮到不得不出賣自身。這就要求大人物必須節制財富和權勢，小人物必須克服貪欲與妄求。*

有人說，這種平等是憑空想像的，實際上並不存在。不過，雖然濫用權力和財富的事情是不可避免的，難道因此就可以認爲絲毫都不須糾正嗎？正是因爲事物的力量總是傾向於摧毀平等，所以才需要立法的力量傾向於維持平等。

不過，所有一切良好的體制的這些普遍的目的，在每個國家中都應當根據當地的情況和居民的特點這兩者所產生的關係而加以調整；每一個民族都應當根據這種關係制定一個特殊的制度體系。這樣制定的體系儘管它本身並不是最好的，但對採用它的國家來說則是最好的。例如土壤是很貧瘠的嗎？或者對居民來說國家的土地是太狹小了嗎？那麼，你們就發展工藝製造業，用工藝品去換取你們所缺少的食品。反之，你們占有的是富庶的平原和肥美的丘陵地嗎？在你們美好的土地上缺人居住嗎？那你們就大力發展能使人口迅速增長的農業並關閉工作坊，因爲工作坊把國家本來就爲數很少的居民都聚集在幾個地點，結果使國家的人口日益減少？**你們占有的是廣闊而舒適的沿海地區嗎？那你們就大量製造船隻，發展通商與航海事業；你們的生活將很美好，時光會很快流逝。你們臨海的那一面是難以攀緣的岩石嗎？那你們就安下心來做以魚爲主要食物的野蠻人，你們的生活也將過得很平靜、很舒適，而且肯定會更幸福。總而言之一句話，除了大家都遵循的準則以外，每個民族都有某些原因使他們以特定的方式按一定的秩序生活，使他們的立法只適合於他們自己。正因爲如此，過去的希伯來人和近代的阿拉伯人便以宗教爲主要目的；雅典人以文學爲主要目的；迦太基人和梯爾人以商業爲主要目的；羅德島人以航海爲主要目的；斯巴達人以戰爭爲主要目的；羅馬人以美德爲主要目的。《論法的精神》的作者以許許多多事例來論證了立法者是以何種巧妙的方法把制度引向每一個這樣的目的的。[3]

要使一個國家的體制能眞正穩固和持久，就必須嚴格按照實際情況行事，使自然關係和法律永遠在每一點上都協同一致，而且可以這樣說：法律只不過是在保障、伴隨和矯正自然關係。但是，如果立法者在目的上犯了錯誤，因而採取了與事物的性質所產生的原則完全不同的方針，以致一個傾向於奴役，一個傾向於自由；一個傾向於致富，一個傾向於繁衍人口；一個傾向於和平，一個傾向於戰爭，那麼，法律將不知不覺地被削弱，體制將被改變，國家將動盪不寧，最後，不是被毀滅就是會變質，於是不可戰勝的自然便將重新恢復它巨大的影響力。

◆註釋◆

【1】著重號是原有的。——譯者

【2】見本書第一卷第八章。——譯者

* 您想使國家鞏固嗎？你就盡可能使兩極接近，使國內既沒有豪富，也沒有赤貧。這兩個等級是天然不可分的，對公共的幸福是大有危害的：前者將產生暴政的擁護者，後者將產生暴君；他們之間一直是拿公衆的自由做交易，一個買，一個賣。——作者

** 達讓松侯爵說：「對於一個國家來說，任何一種對外貿易帶來的好處都是虛假的。它能使某些人甚至某些城市發財致富，但整個國家卻得不到任何利益，人民也不能生活得更好。」——作者

【3】孟德斯鳩在《論法的精神》卷二第十一章第五節說：「雖然一般來說，所有國家都有一個相同的目的，就是自保，但是每一個國家又各自有其獨特的目的。擴張是羅馬的目的；戰爭是斯巴達的目的；宗教是猶太法律的目的；貿易是馬賽的目的；太平是中國法律的目的；航海是羅德人的法律的目的；天然的自由是野

蠻人施政的目的；君主的歡樂，一般說來，是專制國家的目的；君主和國家的光榮，是君主國家的目的；每個個人的獨立性是波蘭法律的目的，而其結果則是對一切人的壓迫。」（孟德斯鳩：《論法的精神》，張雁深譯，商務印書館，一九八二年版，上冊，第一五五頁）——譯者

第十二章　法律的分類

爲了使一切都納入秩序，或者說使公共事物有一個盡可能好的形式，是有許多不同的關係需要考慮的。首先要考慮整個共同體對其自身所產生的作用，也就是說全體對全體的比率或主權者對國家的比率。這個比率，是由比例的中項構成的；這一點，我們在後面即將談到。

確定這種比率的法律，稱爲政治法。如果這種法律是明智的，我們也可以稱它們爲根本法，因爲，如果說每個國家只能有一種良好的規劃秩序的好方法的話，人民一發現它，就一定會堅決採用這種方法的；但是，如果已經建立的秩序是很壞的，人民爲什麼要把有礙於他們建立良好秩序的法律當作根本法呢？何況，不管怎麼說，人民始終是有權改變他們的法律的，即使是最好的法律，他們也有權改變，因爲，如果他們願意自己損害自己，誰又有權阻止他們呢？

第二種關係是成員們之間或者說成員與整個共同體之間的關係。這個比率，對前者而言應當盡可能小，對後者而言應當盡可能大，以便每一個公民完全不依附任何其他人，而只依附於城邦。這一點，始終是用同樣的方法實現的，因爲只有國家的力量才能使它的成員們自由。從這第二個比率裡就產生了民法。

人與法律之間還有第三種關係，即不服從與懲罰的關係。爲了實行懲罰，就需要制定刑法；實際上，刑法與其說是一種特別的法律，還不如說是對所有其他各種法律的認可。

除了這三種法律之外，還應當加上第四種法律。這是各種法律之中最重要的一種。這種法律既不鐫刻在大理石上，也不鐫刻在銅表上，而是銘刻在公民們的心裡。只有它是國家眞正的憲法。它每天都將獲得新的力量；在其他法律行將衰亡失效的時候，它可以使它們獲得新生或者取代它們。它能使一個國家的人民保持他們的創制精神，用習慣的力量不知不覺地去取代權威的力量。我說的這種法律是風俗和習慣，尤其是輿論。這一點，尚不爲我們的政治家們所認識，但其他的法律是否能有效地實施，卻完全取決於它。偉大的立法者無不爲實現這一點而默默地工作著。它看起來好像只不過是一些個別的規章，但實際上，個別的規章只不過是穹窿的支架，而唯有慢慢形成的風俗才是最後構成穹窿頂上的不可動搖的拱頂石。

在這幾種法律中，只有規定政府形式的政治法才與我要闡述的主題有關。

第三卷

在論述政府的各種形式之前，我們應當弄清楚「政府」這個詞的確切意義。它的含義，至今尚未被人很恰當地解釋過。

第一章　政府通論

各位讀者請注意：本章必須仔細閱讀。對於不仔細閱讀的讀者，是無法理解清楚的。[1]

一切自由的行爲，都是由兩個原因相結合而產生的。這兩個原因，一個是精神的，即決定這種行爲的意志；另一個是物理的，即實施這種行爲的力量。當我向一個目標走去的時候，首先必須是我心裡想走到那裡去，其次是我的腿能使我走到那裡去。一個癱瘓的人想跑，一個身子靈活的人不想跑，這兩個人都將停止在原地不動。政治體也有這種動力；我們可以同樣把它們區分爲力量與意志，把後者稱爲立法權力，把前者稱爲行政權力。沒有這兩者的結合，政治體便不能或者不應當做任何事情。

我們已經說過，立法的權力是屬於人民的，而且只能屬於人民，反之，從前面闡述的原則，我們就可以很容易地看出：行政權力是不像立法權力或主權權力那樣具有普遍性，因爲它涉及的只是個別行爲；這種個別行爲不屬於立法行爲，因此也不屬於主權行爲，因爲主權者的一切行爲都只能是法律。

因此，公共的力量就需要有一個適當的代理其行動的人，在公意的指導下發揮作用；他將充當國家和主權者之間的聯繫；他對公共人格發揮的作用，就有點像把靈魂和身體聯合起來對人發揮作用一樣。國家之所以需要政府，其理由就在於此。人們往往把政府和主權者混為一談，實際上，政府只不過是主權者的執行人。

然則，什麼是政府呢？政府是介於臣民和主權者之間，使這兩者互相溝通的中間體。它的任務是執行法律和維護自由，既維護社會的自由，也維護政治的自由。

這種中間體的成員稱為行政官或「國王」，也就是說他們是執政者，而整個中間體則稱為「君主」*[2]。由此可見，有些人認為使人民服從首領的行為絕不是一項契約行為，這是很有道理的：因為這只不過是一種委派、一種任用；他們只不過是主權者任命的官吏，是以主權者的名義行使主權者託付給他們的權力的。主權者高興的時候，可以對託付給他們的權力加以限制、修改或收回。如果把這樣一種權力轉讓給他人，那是與社會共同體的性質不相容的，是與結合的目的相違背的。

因此，我把行政權力的合法行使稱為政府或最高行政；把負責這種行政的個人或團體稱為君主或行政官。

正是在政府之中，存在著中間力量；中間力量的比率，就是全體對全體的比率，也就是主權者對國家的比率。我們可以用一個連比的兩外項來表示主權者對國家的比率，而連比的中項就是政府。政府從主權者那裡收到命令，然後向人民發布；而要使國家處於良好的平衡狀態，就需要全都保持平衡，使政府自乘的乘積或冪與一方面既是主權者另一方面又是臣民的公民的乘積或冪

相等。【3】

需要注意的是，只要我們改變這三項中的任何一項，就必然會立刻破壞這個比例。如果主權者想行使政府的職權，或者行政官想制定法律，或者臣民拒絕服從，則混亂就會代替規則，力量和意志就不再協調一致，國家就會解體，不是陷入專制主義，就是陷入無政府狀態。總之，正如每一個連比中只有一個中項一樣，一個國家之中也只能有一個可能的好政府。但是，由於千百種事件將改變一個民族的這些比率，所以，不僅不同的政府對不同的民族都可能是好政府，而且，不同的政府在不同的時代對同一個民族也可能是好政府。

爲了使人們對於在兩個外項之間起關鍵作用的比率有一個概念，我可以舉一個最容易解釋的比率即以人口的數目爲例來說明這個問題。

假定一個國家是由一萬公民組成的；主權者是被集體地當作一個整體，而作爲臣民的每一個個人則被看作是個體。這樣，主權者對臣民就是一萬比一，也就是說，每一個國家的成員的那一部分權力便只有主權權威的一萬分之一，儘管他是完全服從主權。假如人民的數目是十萬人，臣民的情況依然不變，這時候，雖然每個人都同等地擔負著制定法律的職責，但他的表決權便縮小到只有十萬分之一，對法律的制定的影響力便縮減到只有原來的十分之一。這時候，臣民依然還是一，而主權者的比率便隨著公民人數的增加而增大。由此可見，國家愈擴大，自由便愈縮小。

我所說的比率增大，意思是說它將愈來愈不相等。因此，在數學家看來比率是變大了，而在一般人看來比率卻變小了，因爲前者是根據數量來考慮比率的，是以商數來衡量的；而後者則是按相同性來考慮比率的，是以相似性來衡量的。

因此，個別意志對公意的比率愈小，也就是說風尚對法律的比率愈小，則控制力便應當加大；政府若要成爲好政府，便應當隨著人民人數的增多而相應地加強其力量。

另一方面，由於國家的擴大將使公共權力的受託者有更多的企圖和方法濫用他們的權力，因此，當政府擁有更多約束人民的力量時，主權者也應當擁有更多的力量約束政府。我在這裡說的，不是絕對的力量，而是國家各部分的相對的力量。

從這一複比例中就可以看出：主權者、君主和人民之間的連比例，絕不是一種臆造的概念，而是政治共同體的性質必然產生的結果。另外，由於兩個外項之一，即作爲臣民的人民，是固定不變地爲「一」，因此，每當這種複比增大或縮小的時候，單比也同樣地增大或縮小，中項也就隨之改變。由此可見，唯一的和絕對的政府體制是不存在的；有多少個大小不同的國家，便有多少種不同性質的政府。

如果有人嘲笑這種衡量方法，說什麼要找到這種比例的中項和組成政府共同體，按照我在這裡所說的，就只需求出人口數字的平方根就行了。如果這樣來取笑我的話，我將回答：我在這裡只不過是以人口的數目作一個例子，而且我所說的比率，不僅是用人口數目來衡量，而且還一般地要用由許多原因造成的作用量來衡量。雖然我爲了少用文字來解釋我的意思，因而暫時借用了數學上的術語，但我並不是不知道數學的精確性在精神的數量中是不存在的。

政府是那個包括它在內的大政治體中的小政治體；它是一個具有一定能力的精神人格，既像主權者那樣是主動的，又像國家那樣是被動的，而且，我們還可以把它分解成其他相似的比率，從而產生新的比率，並按政府的等級產生另外的比例，這樣一步一步地一直分解到一個不能再分的中項爲止，也就是說，直到一個唯一的首領或最高行政官爲止。這個首領或最高的行政官可以被視爲是這個序列中分數級數和整數級數之間的「一」。

其實，我們用不著費神琢磨那麼多數學用語，只需把政府視爲是國家中的一個新的政治體就行了：它與人民和主權者是截然有別的，它是這兩者之間的中間體。

在這兩個政治體之間有這樣一個主要的區別，即：國家是以它自身而存在，而政府則是由主權者而存在，因此，君主的統治意志只能是而且也應當是執行公意或法律；他的力量只不過是集中在他身上的公共的力量而已。一當他想自行採取某種絕對的和獨立的行爲，則總體的聯繫便開始鬆弛，最後，如果君主具有了某種比主權者的意志更爲活躍的個別意志，並使他手中掌握的公共力量服從他的個別意志，這時，可以說就會出現兩個主權者：一個是權利上的主權者，一個是事實上的主權者。這樣一來，社會的結合馬上就會消失，政治共同體就會立即瓦解。

不過，爲了使政府共同體有一個眞實的存在，有一個使它與國家共同體截然有別的眞正的生命；爲了使它的全體成員都能協調一致，奔向它爲之建立的目的，它就必須有一個單獨的「我」，有一個爲它的成員共有的意志，有一種力量，有一種爲維護其存在的特有的意志。這種單獨的存在，指的是它有權召開大會、召開行政會議，並有審議問題和解決問題的權力，有某些權利和頭銜以及君主獨有的特權，使行政官的地位隨著他肩負的責任愈重大便愈顯得尊榮。困難在於如何安排整體之中的這個下屬，使它在建立自己的體制時不至於改變整個體制，使它始終要明確區分用來保護自己的存在的個別力量和用來保護國家的存在的公共力量。總之，它必須時時準備爲了人民而犧牲政府，而不能爲了政府而犧牲人民。

儘管政府是由另外一個人爲的政治共同體所產生的人爲的政治共同體，它在某種程度上只有一種假借的和從屬的生命，但這並不妨礙它以或多或少的活力與明快的方式行事，並且可以說是享有一種或多或少的充沛精力的健康；總之，只要它不直接背離它建制的目的，它就可以根據組建的方式而或多或少地偏離這個目的。

政府對國家共同體應有的各種比率，正是從這些區別中按照國家本身會因之改變的種種偶然的和個別的比率而產生的。因爲，如果這些比率按照它所從屬的政治共同體的缺陷而改變的話，一個本身是最好的政府也往往會變成最壞的政府。

◆註釋◆

【1】後來，盧梭在他的《山中來信》（一七六四）第五封信中又再次提請讀者在閱讀《社會契約論》第三卷第一和第二章時，務必細心。他在第五封信中關於政府形式的幾段話，對我們閱讀本卷大有幫助，特摘譯如

下：

「在『政府』這個名詞中，包含有一些含混不清的意思，必須多說幾句加以解釋。『政府』一詞的含義，並不是在所有的國家中都是相同的，推究其原因，是由於各國的憲法並不完全一樣。在君主國，行政權和主權的行使是結合在一起的，政府就是君主本人；他透過大臣、資政和各種絕對順從他的意志的團體，行使他的權力。而在共和國，尤其是在民主制國家中，主權者從來不直接親自行使政權；這一點，與君主國完全不同。在民主制國家中，政府只不過是行使行政權的機構，而行政權與主權是截然有別的。這個區別是非常重要的。為了弄清楚這一點，人們在閱讀《社會契約論》第三卷第一和第二兩章時務必留心。我已盡力在這兩章把它們確切的意思解說清楚了，而不像有些人那樣故意含糊其辭，以便按照他們的需要隨心所欲地加以解釋。」（盧梭：《山中來信》第五封信，見《盧梭全集》第三卷，伽里瑪出版社，一九六四年版，第七七〇—七七一頁）——譯者

* 所以，在威尼斯，即使大公不出席的時候，人們也仍然稱大議會為「尊貴的君主」。——作者

【2】法文的「國王」（roi）來自拉丁文的rex，意為「執政者」。盧梭在此處用「國王」這個詞的目的，是提醒人們注意「執政者」與「主權者」的區別。用「君主」（prince）這個詞指行政官的總體，則是盧梭特有的用法。——譯者

【3】這段話的意思，概括起來是：兩外項（一方面既是主權者另一方面又是臣民的公民）的乘積等於兩中項（政府）的乘積，即：主權者/政府=政府/臣民，也就是：政府×政府=主權者×臣民。——譯者

第二章 論不同的政府形式的建制原則

爲了闡述這些區別的一般原因，在這裡就需要像我在前面解釋國家與主權者之間的區別那樣，把君主和政府的區別詳加解釋。

行政官共同體可以由或多或少的成員組成。我們已經說過，人民的人數愈多，主權者對臣民的比率便愈大；根據同樣明顯的理由，我們也可以說政府對行政官的比率也是如此。

既然政府的全部力量始終是國家的力量，是不變的，那麼，我們便可以得出結論說：它愈把這種力量消耗在它自己的成員身上，它剩下來用於全體人民的力量便愈少。

由此可見，行政官的人數愈多，政府便愈弱。由於這條準則是帶根本性的，所以讓我們多花些篇幅詳細解釋一下。

在行政官個人的身上，我們發現有三種本質不同的意志。首先是他個人固有的意志；這種意志傾向於維護他個人的利益。其次是行政官集體的意志；這種意志唯只關心君主的利益，我們可以稱它爲團體的意志；就其對政府的關係而言，是公共的；就其對國家（政府是國家的一部分）的關係而言，則是個別的。第三是人民的意志亦即主權者的意志；這種意志無論是對被視爲是全體的國家而言，還是對被看作是全體的一部分的政府而言，都是公意。

在一個完善的立法體系裡，個別意志或個人的意志等於零，是不產生任何作用的；政府本身的意志完全是從屬的，因此只有公意即主權者的意志始終占主導地位，是其他各種意志應當遵循的唯一標準。

然而，按照自然的秩序，情況卻恰恰相反：在這些不同的意志中，哪個愈是能集中，哪個便愈趨活躍。因此，公意總是最弱的，團體的意志居第二位，個別的意志則占居這幾種意志的首位，結果，政府的每個成員首先是他自己，然後是行政官，再來才是公民，這和社會秩序要求的順序正好完全相反。

把這一點說明之後，現在假定政府完全掌握在單獨一個人的手裡，這時，個別意志和團體意志便完全結合了，從而團體意志便達到了它可能達到的最大強度。由於力量的運用要取決於意志的強度，而政府的絕對權力又是永遠不變的，因此，最活躍的政府是單獨一個人執掌的政府。

反之，如果把政府和立法權合在一起，使主權者成爲君主，有多少公民就有多少行政官，這時，和公意混合在一起的團體意志，不僅不會有比公意更多的活躍性，反而會讓個別意志保留其全部力量，其結果，儘管政府仍然有它的絕對力量，但它相對的力量或活躍性，便處於最低程度。

這些比率是無可辯駁的，而且，從其他方面觀察，也可證明這一點。例如，每一個行政官在行政官的集體裡，總是比每個公民在公民的集體裡更活躍的，因此，個別意志對政府行爲的影響力總是比主權者的影響力大的。因爲，每一個行政官幾乎都在政府裡擔任某種職務，而每一個公民，個別地說，並不具有主權的任何職能，何況國家愈大，它的實際力量便愈增加，儘管不是按國家幅員的比例增加。但是，如果國家依然是原來那樣大，行政官的人數即使增加的話，那也沒有用，政府並不因此便獲得更多的實際力量。因爲這種實際力量就是國家的力量，這兩者的大小永遠是相等的，所以，政府的相對力量或活躍程度便趨於減少，而它的絕對力量或實際力量並不因此而增加。

還可以肯定的是，隨著經手人員的增多，公務的處理反而愈慢。由於過分審愼，便不大重視時機，就會坐失良機；翻來覆去地考慮，往往會失去考慮的結果。

我已經論證了隨著行政官人數的增多，政府的行動反而愈鬆弛。在前面也論證了人民的數目愈多，抑制力便應愈加大。由此可見，行政官對政府的比率，應當與臣民對主權者的比率成反比，這就是說，國家愈大，政府便應愈緊縮，首領的數目應當隨著人民人數的增加而按比例減少。

不過，我在這裡論述的，只是政府的相對力量，而沒有涉及它的正當性。因爲，反過來說，行政官的人數愈多，則團體的意志便愈接近公意；而如果只有一個唯一的行政官的話，則團體的意志便必然是我在前面所說的個別意志。這樣，人們一方面有所失，在另一方面便有所得。立法者的高明之處就在於如何使永遠互成反比的政府的力量與政府的意志結合成一個最有利於國家的比率。

第三章 政府的分類

我們在前一章已經講到爲什麼政府的類別或形式是按照組成政府的成員的人數來區分的，在本章，讓我們來談如何對政府進行分類。

首先，主權者可以把政府的職權交給全體人民或交給大部分人民，從而使擔任行政官的公民的人數比個別的單純的公民的人數多；這種形式的政府稱爲「民主制」。

主權者也可以把政府只交給一小部分人掌管，從而使單純的公民的人數比行政官多；這種形式的政府稱爲「貴族制」。

最後，主權者也可以把整個政府交給唯一的一個行政官手裡，而所有的其他行政官都從他那裡獲取權力。這第三種形式是最常見的，稱爲「君主制」或王國政府。

應當指出，所有這幾種形式，至少前兩種形式，是可以或多或少變動的，甚至還有相當大的變動幅度。因爲民主制的行政官可以包括全體人民，或者縮小到半數人民；貴族制的行政官也可以從半數人民縮小到人數不定的極少數人；就連王位也可以按某種形式劃分，斯巴達根據其憲法一直有兩位國王，羅馬帝國甚至同時有八個皇帝，人們也不因此就說羅馬帝國分裂了。每一種政府形式和另一種政府形式總會在某一點上相混同，因此，名稱雖然只有這三種，但實際上，國家有多少公民，政府就可能有多少種不同的形式。

另外，由於同一個政府在某些方面可以再細分為若干部分，這一部分按一種方式施政，另一部分按另一種方式施政，因此從這三種形式的結合中可以產生出許多混合形式，其中的每一種形式都可由這些簡單的形式衍生出來。

每個時代的人們都在爭論什麼樣的政府形式是最好的，而沒有看到每一種形式在某種情況下都是最好的，而在另一種情況下卻又是最壞的。

如果說在不同的國家裡，最高行政官的人數應當與公民的人數成反比，那麼，一般來說，民主制適合於小國，貴族制適合於中等國家，而君主制則適合於大國。這條法則是立刻就可以從原則中得出來的。然而，面對那些可以產生許多例外的情況，又該怎麼辦呢？

第四章 論民主制

制定法律的人比誰都更清楚應當如何執行和解釋法律，因此就顯得似乎是只有把行政權和立法權能夠結合在一起的體制才可能是最好的體制。然而，正是這種情況使這個政府在某些方面感到能力不夠，無法勝任其工作，因爲應當加以區別的事物沒有被區別開，君主和主權者是同一個人，因而可以說必然形成一種沒有政府的政府。

由制定法律的人去執行法律，這是不好的；而人民共同體把他們的注意力從帶普遍性的事物轉向個別事物，這也是不好的。再沒有什麼事情比個人的利益在公共事務中發生影響更危險的了。而政府的濫用法律，與立法者的判斷錯誤帶來的危害相比，是小得多的，而判斷錯誤又是個人的看法難以避免的後果。這時候，由於國家在本質上起了變化，因此一切改革都無法實施。從來不鑽政府行政缺陷的人民，是不會濫用他們的獨立自主的；一直是治理得很好的人民，是不需要被人統治的。

按照「民主制」這個詞的嚴格意義來看，眞正的民主制從來就沒有過，而且將來也不會有。多數人統治而少數人被統治，這是違反自然秩序的；讓人民經常不斷集合起來處理公共事務，這也是不可想像的，而且，我們很容易就可看出，如果因此而設立許多機構，其結果就不可能不改變行政的形式。

因此，我認爲這是一條定則，即：如果政府的職權是分掌在許多人的手裡的話，那麼，少數人遲早會獨攬大權的，因爲，僅僅是爲了處理事務方便起見，他們自然而然地就會這樣做的。

何況這種政府還要具備許多難於全都齊備的條件啊！首先要有一個很小的國家[1]，讓人民很容易集合，使每個公民都能很容易地認識所有的公民；其次要有一種很純樸的風尚，以免產生許多麻煩事和吵鬧不休的爭端；第三，在社會地位和財富方面大家都相當平等，沒有這方面的平等，權利和權力的平等就不能持久。最後，還很少有甚至根本沒有奢侈，[2]因爲奢侈是財富過多的結果，或者說，正是由於它，人們才去追求財富，因此，它既敗壞了富人，也敗壞了窮人：以占有欲敗壞前者，以貪婪心敗壞後者，使國家變得軟弱和愛好虛榮，從而喪失它的全體公民，讓一些人奴役另一些人，並使他們最後全都成爲輿論的奴隸。

有一位著名的著述家之所以認爲美德是共和國的原則，其道理就在於此[3]。因爲，沒有美德，所有的上述條件就不可能長久存在。不過，由於他沒有做出這些必要的區分，這位偉大的天才往往立論不夠確切，有時候還缺乏明晰，沒有看到主權權威既然到處都是相同的，那麼，一切體制美好的國家都將有同樣的原則。當然，這或多或少地要隨政府的形式而定。

此外，還需指出的是，沒有任何一種政府是像民主制政府或人民的政府這樣容易發生內戰和內亂的了，因爲，沒有任何一種政府是像它那樣強烈地傾向於不斷改變形式，需要更多的警覺性和勇氣來保持它自己的形式。在這種體制下，公民們尤其應當以勇氣和力量來武裝自己，在他們一生中天天都要在心裡牢牢記住一位德高望重的侯爵[4]在波蘭議會所說的這句話：「我甘冒危險也要自由，絕不願爲了安寧而受奴役。」

如果眞有一種神的子民的話，他們是會照民主制來治理的，但是，這麼完美的政府是不適合於人類的。[5]

◆註釋◆

[1] 在盧梭的心目中，最符合這一條件的，是城邦式的日內瓦共和國。——譯者

[2] 在十八世紀的法國，人們崇尚奢侈，甚至有不少政論家和文學家在這方面著書立說，加以鼓吹，其中尤以麥隆的《論商業》（一七三四）和伏爾泰的《世俗人》（一七三六）為當時的人們廣為傳誦。盧梭與他的同時代人相反，對奢侈之風屢加抨擊，甚至在這裡把力戒奢侈作為民主制度要求的條件之一。盧梭是一位政治哲學家和道德學家，他撰寫《政治制度論》就是從道德倫理方面入手的。了解這一點，對深入探討盧梭的政治思想的形成和發展是大有必要的。——譯者

[3] 句中「著名的著述家」指孟德斯鳩。孟德斯鳩在《論法的精神》第三卷第三章中說：「在人民的國家裡，

還需要另外一種動力，那就是美德。」——譯者

【4】指波蘭國王的父親，即後來的洛林公爵斯坦尼斯拉斯．勒辛斯基（一六七七—一七六六）。——譯者

【5】有些人根據這段話，就認為盧梭不贊成民主制，這種看法，是一種誤解。因為盧梭在本章的論述，只是從民主制「這個詞的嚴格意義」來說的。民主制作為一種政府形式是難於實現的，但這並不意味著作為一種政治制度也是不能實現的。恰恰相反，在盧梭的心目中，唯有民主制才是唯一合法的政治制度，因為它完全是建立在公意的基礎之上的。請參見本卷第十二章和第十五章盧梭關於古羅馬人和古希臘人直接參加國家政務的敘述。——譯者

第五章 論貴族制[1]

我們在這裡有兩種完全不同的精神人格，即政府與主權者，因此也有兩種公意，一種是對全體公民而言，一種只是對政府的成員而言。儘管政府可以隨它自己的意思制定其內部的政策，但它除非是以主權者的名義，也就是說除非以人民本身的名義，否則，是絕不能對人民發號施令的。這一點，它應當永遠不要忘記。

最初的社會是按貴族制的方式來治理的，由各個家族的首領們來討論公共事務，年輕人毫無怨言地服從有經驗的人的權威，因此才有長老、老者、元老和尊長這些名稱。北美洲的野蠻人直到今天還是這樣來治理他們自己，而且治理得很好。

但是，隨著制度所造成的不平等打破了自然的不平等，財富和權勢*比年齡更受到尊重，因此貴族制便改為由選舉產生；最後，由於權勢隨著財產可以由父親傳給兒子，因而便形成了世家，從而使政府成為世襲的，以致有些人年僅二十歲就當上「元老」了。

因此有三種貴族制，即：自然形成的、選舉產生的和世襲的。第一種只適合於最純樸的民族，第三種是所有一切政府之中最壞的，第二種是最好的，是按嚴格意義說來的貴族制。

第二種貴族制，除了可以區分兩種權力這一優點以外，它還有可以選擇其成員這個優點；因爲在人民的政府中，所有的公民生來就是行政官。而在這種貴族制中，行政官只有一小部分人，而且是由選舉產生的**；透過這個辦法，就可選出行端品正、有見識、有經驗和有其他爲公眾敬重的才能的人，因爲這幾項優點是治理好國家的新的保證。

還有，集會更方便，對事務的討論更詳細，辦事更快捷和有條理；受人尊敬的元老們比一群不爲人知或受人輕視的人對外更有威信。

總之，最好的和最自然的秩序是由最賢明的人來治理群眾，只要能確定他們治理群眾的目的是爲了群眾的利益而不是爲了他們自己的利益。切不可徒勞無益地增加辦事機構，也不可用兩萬人去做只需一百個經過挑選的人就能做得更好的事情。不過，應當指出：共同體[2]由於其利益攸關，在這裡便開始更少地按照公意的要求去指導公共的力量了，而且，另外有一個不可避免的傾向又會奪走法律的一部分執行力量。

還需指出的是，一個國家的幅員不能太小，人民不能太率直和單純，以致法律的執行可以像好的民主制國家那樣直接由公意決定。不過，國家也不能太大，以致首領們必須分散到各地去治理，從而讓每個首領都把主權者的權力帶一部分到他那個地區去，以致逐漸逐漸地開始自行其是，最後變成了主人。

在德行方面，雖說貴族制的要求不像民主制那麼多，但它也需要一些它理應具備的德行，例如富人要節制，窮人要知足，因爲絕對的平等在這裡似乎是不適宜的，甚至在斯巴達也沒有做到絕對平等。

此外，雖說在這種形式下會出現某些按財富的多寡來選人的現象，但一般地說，那也只是爲了把公共事務的處理交給那些能把自己的時間用來更好地辦理公務的人，而不是像亞里斯多德說的富人總是占優勢。反之，更重要的是，用對比的方法選擇人，有時候會使人領悟到：在人的選擇方面，應當側重於他的才德而不要側重於他的財富。

◆註釋◆

【1】「貴族制」是政治學上關於國家政治體制分類的一個用語。盧梭在《社會契約論》中也使用這個詞，但詞中的「貴族」二字沒有人們通常所說的公爵、侯爵和皇家或王室成員的意思。——譯者

* 很顯然，古人所說的Optimates，並不是指「最好的」，而是指「最有權勢的」——作者

** 非常重要的是，必須用法律規定選舉行政官的辦法，因爲，如果把這件事情完全聽憑君主的意志辦理的話，就不可避免地要陷入世襲貴族制：威尼斯和伯恩這兩個共和國就是這樣重蹈覆轍的。威尼斯共和國早就成了一個解體的國家了，而伯恩共和國由於其元老院極其明智，所以才得以保存下來。這一例外，是很光榮的，但也是很危險的。——作者

【2】指政府共同體。——譯者

第六章 論君主制[1]

在此以前，我們一直是把君主視爲是一個由法律的力量結合而成的精神的和集體的人格，是國家權力的受託者。現在讓我們來研究這種權力是如何集中在一個自然人——一個眞實的人——的手裡的。有權按照法律來行使這種權力的人，只有他一個，這個人，人們稱之爲君主或國王。

在其他形式的政府裡，是由一個集體人格來代表一個個人，而這種政府卻與之相反，是由一個人來代表一個集體人格，從而使構成君主的那種精神上的統一，同時也是身體上的統一，把法律在其他政府裡要花許多力氣才能集中的職能自然而然地都集中起來。

這樣，人民的意志、君主的意志、國家的公共力量和政府的個別力量，全都受這同一個動力的支配，機器的全部發條全都由同一個人的手操作，全都奔向同一個目標，沒有互相抵消的對立的運動。人們不可能想像出還有什麼機制是像它這樣以一點力量就能產生最大作用了。阿基米德[2]安詳地坐在海邊，輕鬆自如地引領著一條行駛在海上的大船，在我看來，阿基米德的形象正好是一個手腕高強的君主的寫照：君主坐在他的宮中治理著他那龐大的國家：他指揮一切，而他自己卻好像是安然不動似的。

如果說沒有任何其他形式的政府比君主制政府有更多的活力的話，我們同樣可以說沒有任何一種個別意志是比君主的意志具有更強大的控制力和更容易推動其他力量奔向同一個目標。的確是這樣的；不過，這個目標不是公眾的福祉，而且，政府的這種力量的運用反而是一直不停地在損害著國家。

各國的君主都想成爲絕對的，而人們遠遠地大聲告訴他們：要做一個絕對的國王，最好的辦法是使自己受到人民的愛戴。這條法則很好，而且在某些方面是很有道理的。然而，不幸的是，它在各國的王宮中卻受到嘲笑。來自人民的愛戴的力量無疑是比其他力量大的，但它是不穩定的，而且是有條件的；從來沒有任何一個君主對之感到過滿足，就連最好的國王都想大施淫威，永遠做人民的主人。政治說教者妄自對國王們說什麼人民的力量就是他們的力量，國王的最大利益是人民繁榮昌盛和力量強大；然而國王們非常清楚：這不是眞的。因爲，國王的個人利益，首先在於把人民弄得很軟弱、很貧窮，永遠不能抗拒國王。我承認，假定人民永遠是完全服從的，這時候，國王的利益是要使人民強大、使人民的力量成爲國王的力量、使國王能威鎭四方；但是，由於這種利益是次要的和從屬的，而且這兩個假定是互不相容的，因此自然而然地君主就會遵循最有利於他們自己的原則了。撒母耳對希伯來人一再強調的，就是這一點；[3]這也是馬基維利非常清楚證實的了。馬基維利表面上好像是在給國王上課，但實際上他是在對人民上大課：他的《君主論》是共和黨人的教科書。*

我們從一般的比率就可看出，君主制只適合於大國，而且，從君主制本身來看，也可證明這一點。公共行政機關的人數愈多，君主對臣民的比率便愈小，而且愈接近於相等，因而在民主制中這個比率爲「一」或者說完全相等，但隨著政府的收縮，這個比率便加大。當政府是掌握在單獨一個人手裡時，這個比率就達到了它的極限。這時候，我們發現君主與人民的距離太大，以致國家缺乏聯繫。爲了建立聯繫，就需要經過許多層次，就需要王公、大臣和貴族來充實這些層次。然而這一切都不適合於一個小國。這麼多層層疊疊的官員會把一個小國壓垮的。

要把一個大國治理好，那是很困難的；尤其是由單獨一個人來治理，那就更難了。如果由國王派代理人去治理，其後果如何，這是大家都知道的。

有一個不可避免的根本缺點，使君主制政府始終不如共和制政府。這個缺點是：在共和制政府中，公眾推舉到重要崗位的，幾乎都是精明能幹的人，這些人都能很光榮地履行他們的職責，而在君主制政府中，竊據高位的，往往是一群搖脣鼓舌的卑鄙小人和卑鄙的騙子與陰謀家。他們憑他們的那點小聰明而位列朝臣，而一登上了要津，便暴露出他們原本是無能之輩。在官員的選擇方面，人民是比君主少犯錯誤的。在君主制中，有眞才實學的人擔任大臣的事例爲數之少，就如同在共和制中把一個傻瓜選爲政府首腦那樣十分罕見。所以，如果由於某種機緣而使一個天生的治國人物[6]在一個被一群徒有虛名的官員搞得幾乎千瘡百孔的王國裡執掌國政的話，他治國的辦法之多，將使人們大爲吃驚：他將爲這個國家開闢一個新時代。[7]

一個君主制國家若想治理得很好，它的大小或者說它的幅員就要隨統治這個國家的人的才能而定。征服一個國家，是比治理一個國家容易得多的。有一根足夠長的槓桿，就只需用一個手指頭就能動搖整個地球，而要把它扛起來，那就需要赫居里士[8]的肩膀了。一個國家即使很小，但拿一個君主和它相比，君主總還是很渺小的。反之，如果眞有一個國家在它的首領看來是太小了，不夠他的才能的施展，但是，就算他有天大的本事（這是很少見的），他也治理不好這個國家，因爲，總想開疆闢土和大展鴻圖的首領，往往忘記人民的利益。由於把他過多的才能濫加使用，其結果，他使人民所遭殃的，並不比一個才具有限的首領使人民遭殃的少。因此我們可以這樣說：一個王國每換一個新王，都應當按當朝國王本領的大小而擴大或收縮。反之，一個元老院的本領是比較固定的，國家的疆界也是穩定的，所以政府的施政就不會變得太壞。

個人專制的政府的最大的不利之處，是缺少其他兩種形式的政府所具有的那種連續不斷的繼承性。一個國王逝世了，就需要有另外一個國王；若舉行選舉的話，選舉期間就會出現危險的政務中斷，會引起大風暴。除非公民們都大公無私，團結一致（這是這種政府難以指望的），否則，就一定會有人乘機搞陰謀和徇私舞弊。要求一個賄買國家官職的人不接連不斷出賣這個國家，不從弱者身上撈回強者向他勒索的錢財，那是很難的。在這樣一個政府裡，一切事情或遲或早都會變成金錢交易。在國王治下享受的和平，會變得比王位空缺時候的混亂還糟糕得多。

在防止這種弊病方面，人們採取過什麼措施呢？人們把王位固定由某幾個家族世襲，並規定了一種繼承的順序，以免在老國王駕崩之後發生爭議，這就是說，以一人暫時攝政的種種不便來代替選舉的不便，寧要表面的平靜而不要賢明的行政，甘冒把一個小孩或一個惡魔或一個白痴捧上王座的風險，而不願在選舉好國王的事情上發生爭論。人們沒有考慮到在冒這種二者取一的風險的時候，幾乎使一切都不利於自己了。當老鄧尼斯譴責小鄧尼斯做了不光彩的事情時說：「我給你做過這種榜樣嗎？」小鄧尼斯回答說：「啊！可是你的父親不是國王呀。」小鄧尼斯的這句話是說得很有道理的。

當一個人上升到指揮他人的地位時，一切都來競相剝奪他的正義感和理性。據說，人們花了許多力氣想把治國的藝術教給年輕的君主，然而，這種教育似乎沒有使他們獲得什麼教益。其實，應當首先教給他們的是服從的藝術。歷史上著名的偉大的國君都不曾受過什麼如何進行統治的教育。統治是這樣一門學問：學得太多，反而掌握得愈少，反倒是在服從他人的過程中比在指揮他人的過程中學到的東西更多。「辨別好與壞的最可靠的辦法是自問：如果當國王的是別人而不是你，你願意要什麼或不要什麼？」**

這樣一種缺乏連貫性的一個後果是：王國政府的政策很不穩定；它將隨著掌管這個政府的君主或者替他掌管這個政府的人的性格而變化，有時實行這種辦法，有時又實行另一種辦法，沒有一個長遠的目標，也沒有一個一貫的行爲方式，變來變去，結果使國家動盪不定，朝令夕改，今天的政策，明天就變了樣。而在其他形式的政府裡，君主始終是同一的，所以這種變化就不會發生。我們可以這樣一般地說：宮廷裡玩弄陰謀詭計的人多，元老院裡才智出眾的人多，而在共和國，由於人們的觀點比較穩定，而且大家都遵循這種觀點，所以總是向著自己的目標前進。反之，王國政府的內閣每發生一次大變動，就會在國內引起一場大動盪，因爲所有的大臣以及幾乎所有的國王都奉行這樣一個法則：在任何事情上都要採取與前任相反的政策。

從這種不連貫性中還可以看出，那些擁護君主制的政論家們的詭辯是何等荒謬：他們不但把國政比作家政，把君主比作家長（這種錯誤的比法，我們已經批駁過了[9]），而且還任意美化這位行政官，說他具有他所需要的種種才能，說君主眞的是他應當的那個樣子。按照他們的這種說法，王國政府顯然比任何其他形式的政府更爲可取，因爲它無可辯駁地是最強有力的政府，而且，如果不是因爲它缺少一個更符合公意的團體意志的話，它還是最好的政府呢！

柏拉圖說，天資過人的國王是一個極其稀罕的人物。*** 如果柏拉圖的這種說法能成立的話，那我們就要問：天資和機遇要多麼巧合才能給他戴上王冠呢？還有，既然王室的教育必然會敗壞接受這種教育的人，那麼，我們對這種爲統治他人而受教育的人，還能指望他們做好事嗎？可見柏拉圖的說法是故意把王國政府和一個好國王的政府混爲一談。爲了看清楚這種政府的本身，只需看它們在昏庸無道的君主統治下的所作所爲就夠了，因爲他們在即位時就是昏庸無道的；即使他們本來不昏庸無道，王位也會使他們變得昏庸無道。

這些難題並沒有逃過我們的著述家們[10]的眼睛。但他們並不感到這有什麼難解決的。他們說，解決的辦法是：毫無怨言地服從[11]；上帝之所以給我們派來壞國王，是因爲上帝震怒了，因此我們應當把這視爲是上天的懲罰而忍受。這種說法當然能感化世人，但我不知道是否把它拿到神壇上去講比在一本政治書上講更合適。如果一位醫生一再誇口能起死回生，但其醫術只不過是讓病人耐心等待，對於這樣的醫生，我們應怎樣評說呢？我當然知道，遇上了壞政府，我們只好忍受，但問題在於要如何才能找到一個好政府。

◆註釋◆

[1] 在這裡，我們要重溫一下盧梭在本書第二卷第六章中對「一切合法的政府都是共和制」這句話所加的註腳。在這個註腳裡，盧梭指的是理論上的君主制，即「不和主權者混為一談的」君主制，而本章論述的則是事實上的君主制，例如法國的君主制。在盧梭看來，法國的君主制是壓迫人民的專制政府。——譯者

[2] 阿基米德（西元前二八七—前二一二），古希臘科學家，槓桿定律的發現者。他說：「給我一個支點，我就可以撬起整個地球。」——譯者

[3] 見《聖經·舊約全書·撒母耳記（上）》第八章。——譯者

* 馬基維利無疑是一個很誠實的人，是一個好公民，但由於他依附於麥第奇家族[4]，所以不得不在他的國家遭受壓迫的情況下，把他對自由的愛偽裝起來。他以那樣一個可詛咒的人[5]作他書中的主人翁，這就十分清楚地表明了他的祕密意圖；而他在《君主論》中的論點與他在《李維論》和《佛羅倫斯史》中的論點相矛盾，也顯示這位深刻的政論家的讀者們至今都是一些淺薄或頭腦昏庸的人。羅馬的宮廷之所以下令嚴禁他這本書，我認為，是因為他書中詳細描寫的是羅馬宮廷。——作者

[4] 麥第奇家族，從十五到十八世紀一直左右佛羅倫斯政局的大家族。——譯者

[5] 指瓦倫提諾公爵切薩雷·波吉亞（一四七五—一五〇七），他詭計多端，曾試圖在義大利中部建立一個大公國。——譯者

[6] 在盧梭的心目中，這個「人物」是先後擔任過外交大臣、陸軍大臣和海軍大臣的舒瓦瑟爾公爵（一七一九—一七八五）。——譯者

【7】這段話，本來是稱讚舒瓦瑟爾的，但因為沒有明確指明是稱讚誰，故而遭到舒瓦瑟爾的誤解，以為盧梭是以吹捧他人的手法暗中譏諷他，從此便對盧梭抱有很大的敵意。關於這段故事，請參見盧梭《懺悔錄》第十一卷中的詳細記述。——譯者

【8】赫居里士，希臘神話故事中的大力神。——譯者

※塔西佗：《歷史》，第一卷。——作者

【9】見本書第一卷第二章。——譯者

※※見柏拉圖：《政治篇》。——作者

【10】指格勞秀斯、霍布斯和博絮埃等擁護君主專制的理論家。——譯者

【11】博絮埃在他的《從〈聖經〉中摘錄的政治理論》中說：「對於君主的暴政，臣民們只能虔敬地呈獻諫書而不能反抗或口出怨言。」——譯者

第七章 論混合政府

嚴格說來，從來就沒有過單一的政府。一個獨一無二的首領也必須有下級行政官，而人民政府也必須有一個首領。可見，在行政權力的劃分上，總是有從數目較多到數目較少的級差的。不同的是：有時候是多數依附於少數，有時候是少數依附於多數。

有時候這種劃分是平等的，推究其原因。或者是由於組成政府的各個部分是互相依賴的，例如英國政府那樣；或者是由於每一部分的權力是獨立的但是是不完備的，例如波蘭就是這樣。這後一種形式很糟糕，因爲政府內部沒有統一性，因而使國家缺乏聯繫。

哪一種政府形式是最好的呢？是單一的政府最好呢，還是混合的政府最好？這個問題在政治學界爭論得很厲害。對於這個問題，我的回答與我在前面論述各種不同形式的政府時是一樣的。[1]

單一的政府本身是最好的，它之所以好，就好在它是單一的。但是，當行政權力對立法權力的依附不是很大的時候，也就是說，當君主對主權者的比率大於人民對君主的比率時，就需要對政府進行劃分，才能彌補這種比例上的失調，因爲這時候，政府的各個部分對臣民的權威雖沒有減少，但它們的劃分即使合在一起也不如主權者強大。

人們還可以設置一些中層行政官，以防止這種不便；這種行政官並不損害政府的完整，而只是用來平衡兩種權力和保持他們相應的權利。在這種情況下，政府就不是混合的，而是有節制的。

我們可以用類似的方法來防止與此相反的不便：當政府太鬆弛的時候，就設立專門的機構使之集中化；所有的人民政府都是這樣做的。在前一種情況下，人們劃分政府的目的是使之削弱，而後一種情況則是使之加強。因爲強力的**極限**與軟弱的**極限**[2]在單一政府中都存在，而在混合政府中則有一種適中的力量。

◆註釋◆

[1] 見本卷第三章。——譯者

[2] 著重號是原有的。——譯者

第八章　論沒有任何一種政府形式適合於所有國家

「自由」並不是任何一種地帶的氣候都能結出的果實，因此，它也不是所有各國的人民都能得到的。我們愈是思考孟德斯鳩的這個看法[1]，愈感到他的看法是對的；愈反駁它，反而愈能找到新的證據證明它。

在世界各國的政府中，官府裡的人都只消費而不生產。他們消費的東西是從哪裡來的？來自國家成員們的勞動。正是個人的剩餘，提供了官府的所需。由此可見，只有在人們的勞動收穫超過他們自身需要的時候，政治狀態才能存在。

然而，並不是每個國家的剩餘都是相同的。有些國家的剩餘相當多，另一些國家的剩餘則微不足道，還有一些國家一點也沒有，甚至在有些國家還是負數。這一比率，取決於氣候的好壞、土地要求的勞動的種類、物產的性質、居民的力量和他們自己的消費量的多少，以及這一比率所賴以構成的許多其他類似的比率。

另一方面，各種政府的性質也不一樣，它們的胃口有大也有小，其間的差別是由另外一條法則決定的，即：公眾所交納的稅距離它們的來源愈遠，則負擔便愈重。衡量這種負擔的尺度，不是看繳稅的數量，而是看所繳的稅返回到原納稅人手裡所必須經過的過程，如果這一流轉的過程既便捷又建全，則納稅多一點或少一點都沒有關係，人民總是富足的，財政也總是良好的。反之，即使繳的稅很少，但如果這一點點稅永遠也回不到他們手裡，則一繳再繳，人民不久就會身無分文的，這樣，國家既不能富起來，人民也將永遠一貧如洗。

由此可見，人民與政府的距離愈大，則賦稅的負擔便愈重：在民主制下，人民的負擔最輕；在貴族制下，負擔就比較大了；而在君主制下，人民的負擔是最重的。因此，君主制只適合於富國，貴族制適合於在財富和版圖方面都適中的國家，而民主制則適合於又小又窮的國家。

的確，我們愈是思考這個問題，便愈是發現這就是自由的國家與君主制國家之間的差別。在前一種國家中，取之於眾也用之於眾；而在後一種國家中，公共的力量與個人的力量是互爲消長的：一個總想削弱另一個來擴大自己。所以，專制的目的不是爲了使人民幸福而統治臣民，而是爲了使他們貧窮困苦才便於統治。

在每一種氣候條件下，我們都可以根據自然因素來確定氣候的力量迫使人們採取的政府形式，甚至還可以確定它應當有什麼樣的居民。土地貧瘠不毛之地的出產抵不上花費的勞動，這樣的土地就應當聽其荒廢，不加耕種，或者讓野人去居住。在人們勞動的收穫恰好夠居民之所需的土地，就由野蠻民族去居住；在這種地方，想按政治的法則去治理，是不可能的。而勞動收穫的剩餘不多的地方，則適合於自由的民族去居住。土地肥沃只需少量勞動就能收穫大量產品的地方，則可採用君主制來治理，讓君主們的奢侈去消耗臣民過多的剩餘產品，因爲，讓政府去吸收這種剩餘，是比讓個人浪費來得好的。我知道也有例外的情形，但是，這些例外情形的本身就證實了這條法則，因爲它們遲早都將引起革命，從而使事物又回到自然的秩序。

我們應當經常把一般規律與個別的原因加以區別，因爲個別的原因只能影響一般規律的結果。即使南方都是共和國，而北方全是專制國，這也不能因此就說這條規律不是眞理，即：由於氣候的作用，專制制度適宜於氣候炎熱的國家；野蠻的辦法適合於氣候寒冷的地區；良好的政治管理方法適合於溫帶地區。我發現，有些人雖贊同這條規律，但在這條規律的應用方面持有異議。他們說，在寒冷的地方也有良田，在南方也有不毛之地。但是，這種情況只是對那些不從事物的各種關係去觀察事物的人才是難題，因爲，正如我在前面已經說過的，還必須計算一下勞動、力量與消費等的比率。

現在假定兩塊土地的面積一般大，其中一塊土地的產量爲五，另一塊爲十。如果前一塊土地的居民的消費量爲四，後一塊土地的居民的消費量爲九，則前一塊土地產品的剩餘爲五分之一，而後一塊土地產品的剩餘則爲十分之一。由於這兩者剩餘產品的數量與生產數量的比率爲反比，因此，產量爲五的那塊土地的剩餘量就比產量爲十的剩餘量多出一倍。

不過，這並不只是一個產量多一倍的問題，我也不相信有人會把寒冷地方的肥沃程度與熱帶地方的肥沃程度全都視爲相等。而且，就算是完全相等，如果人們願意的話，就讓我們拿英國與西西里比一比、拿波蘭與埃及比一比；再往南就是非洲與印度群島，再往北就什麼也沒有了。只看這種產量上的相等，難道就不觀察一下耕作方法的不同嗎？在西西里，人們只需鬆鬆土就可以了，而在英國，卻要花多大的力氣精耕細作啊！在需要更多的勞動力才能獲得同等產量的地方，它剩餘的產品必然是更少的。

此外，還需考慮到在炎熱地區同等數量的人的消耗量是較少的。氣候使他們必須飲食有節才能保持健康。歐洲人到了熱帶地方，如果也像在他們自己國家那樣生活的話，那是一定會死於痢疾和消化不良的。沙爾丹[2]說：「與亞洲人相比，我們簡直是肉食動物、是狼。有些人說波斯人之所以節制飲食，是由於他們的土地耕作不足。而我的看法卻相反；我認為，他們國家的糧食之所以不那麼多，是因為居民們對糧食的需要比較少。」沙爾丹還說：「如果他們的節食是由於土地歉收的話，那就只有窮人才吃得少，而不會大家都吃得少。而且，每個城市的人是吃得多還是吃得少，就應當按照土地的肥沃程度而定，而不會整個王國的人都同樣這麼節制飲食。波斯人對他們的生活方式感到驕傲。他們說：只需看他們臉上的氣色就知道他們的生活方式比基督徒的生活方式好得多。的確，波斯人的面色一直是很勻淨的，皮膚也很美，又細嫩又光滑；反之，他們的屬民，那些按照歐洲人的生活方式生活的亞美尼亞人的面孔就很粗糙，且多粉刺，身軀又十分臃腫。」

愈接近赤道，人們吃得便愈少；他們幾乎不吃肉，他們常吃的食物是：大米、玉米、高粱、黍和木薯。在東印度群島，有許多人每天在飲食方面花的錢不到一個蘇。就是在歐洲，我們發現，南方人和北方人的食量差別也很大，一個德國人的一頓晚餐，足夠一個西班牙人吃一個星期。在人們貪吃的國家裡，他們的筵宴也很奢侈：在英國，滿桌子都是肉食，而在義大利，主人用來款待客人的，大多是甜食和鮮花。衣著上的奢侈，也有類似的差別。在季節的變化又快又猛烈的地區，人們穿得就更好和更簡單。在穿衣只是爲了裝飾的地方，衣服就講究鮮豔而不重實用。在這些地方，衣服本身就是一種奢侈品。在那不勒斯，你天天都可見到在波西里普山上閒逛的人上身穿的都是花花綠綠的衣服，但腳上卻不穿襪子。在住屋方面也是這樣。當人們不擔心氣候的變化會傷害人的身體時，就講究住房要氣派、要漂亮。在巴黎、在倫敦，人們的房屋講究溫暖和舒適；在馬德里，人們的客廳固然漂亮，但房間的窗子卻沒有一扇是可以關得嚴實的；他們睡覺的地方，簡直就像老鼠窩。

在氣候炎熱的國家，食物的營養豐富，味道鮮美。這是第三個差別，而且這一差別還對第二個差別產生一定的影響。在義大利，人們爲什麼愛吃蔬菜？因爲義大利的蔬菜營養豐富，味道鮮美；而在法國是用水澆灌蔬菜的，因此蔬菜沒有多少營養，在飯桌上幾乎沒有人吃，但種蔬菜的土地並不少，種菜的力氣也沒有少花。這是事實：巴巴里一帶的小麥雖然不如法國好，但磨出的麵粉卻比法國小麥多；而法國的小麥磨出的粉又比北方的小麥多。我們因此可以推斷：從赤道到北極，一般都存在著這種依次遞減的情況。產量相等而糧食卻較少，這難道不是一個顯而易見的不利之處嗎？

除了這幾種差別以外，我再補充一個差別。這個差別是從以上幾個差別中推導出來的，而且還反過來加強了以上的差別。氣候炎熱的國家所需要的居民比氣候寒冷的國家少，而能養活的居民卻比氣候寒冷的國家多。這就使專制制度國家能獲得加倍的剩餘產品。同等數量的居民占據的土地的面積愈大，想發動叛亂便愈困難，因爲企圖暴亂的人們不可能那麼迅速和那麼祕密地集中行動，政府很容易發現他們的陰謀，切斷他們的交通；而人口多的國家的人民愈聚集在一起，政府就愈不能侵犯主權者的權利。首領們[3]在他們的密室中策劃，與君主們在內閣商討是一樣的安全。群眾在廣場聚集之迅速，與軍隊在軍營中集合是一樣的，而在這方面暴君的政府所占的便宜是能遠距離行動。由於它有許多補給點，所以它的軍隊的力量可以像槓桿的力量那樣隨長度而增強*。反之，人民的力量只有集中起來才能行動；一旦分散，就會被消滅，與火藥散落在地上只能星星點點地著火是一樣的。因此，人口愈稀疏的國家，便愈適合於暴君的統治：猛獸只能在荒野中稱雄。

◆註釋◆

【1】孟德斯鳩在他的《論法的精神》中整整用了四章（第十四至十七章）來討論法律和氣候的關係。盧梭在這裡所說的這段話的意思，見第十七章《政治奴役的法律和氣候的性質的關係》。（見孟德斯鳩：《論法的精神》，張雁深譯，商務印書館，一九八二年版，第二七三頁）——譯者

【2】沙爾丹（一六四三—一七一三），法國旅行家；他的《波斯和東印度群島遊記》（一七一一）在歐洲享有盛名，孟德斯鳩和伏爾泰都常引用這部著作。——譯者

【3】指試圖發動暴亂的人民的首領。——譯者

* 這與我在前面第二卷第九章對大國的不利條件的論述並不矛盾。因為我在那裡講的是政府對它的成員的權威，而在這裡講的是它的軍隊鎮壓臣民的力量。它那些分散在各地的成員是它可以用做遠距離鎮壓臣民的補給站，但它想對這些成員本身直接採取行動，就沒有這種支撐點了。因此，在一種情況下槓桿過長將成為政府的弱點，而在另一種情況下則將加大政府的力量。——作者

第九章 論一個好政府的標誌

如果有人一定要問我哪一種政府是最好的政府，那他提出的這個問題就是無法解答的，而且意思也是不明確的。不過，我們可以這樣說：人民在絕對的和相對的地位中有多少種可能結合的形式，這個問題就有多少種好的答案。

但是，如果人們問我根據什麼標誌就能判斷某個國家的人民是治理得好還是治理得不好，這又是另一回事了。這是一個事實問題，這個事實問題是可以解決的。

不過，這個問題也很難解決，因爲每個人都想照自己的方式解決。臣民們希望公眾平安，公民們則要求個人自由；一個寧願財產有保障，而另一個則寧願人身有保障；一個認爲最好的政府是最嚴厲的政府，而另一個則認爲是最溫和的政府；一個主張懲罰犯罪，而另一個則主張預防犯罪；一個認爲被鄰國所畏懼是好事，而另一個則喜歡最好是不爲人知；一個巴不得日進斗金，而另一個最大的願望是有飯吃。即使對這幾點或其他類似之點，大家的看法都一致了，是不是因此就解決了問題呢？何況精神的數量是沒有精確的衡量尺度的；即使在標誌的問題上能達成一致，而在精神的數量的估計方面，又如何達成一致呢？

至於我，我很吃驚，有那麼一個簡單的標誌爲什麼一直沒有人看出來，或者說，人們爲什麼一直懷疑而不贊同。政治結合的目的是什麼？政治結合的目的是爲了保護其成員，並使他們繁榮昌盛；而他們的生活不但得到了保護而且很幸福的最可靠的標誌是什麼呢？是他們人口的數目，因此，不要到別處去尋找這個爭論不休的標誌了。假定所有其他條件都是相等的，一個政府，如果人民生活在其治理之下，不靠外來移民、不靠歸化、不靠殖民，而能人丁興旺，人數大增，那麼，這個政府就是最好的政府；反之，如果在它的治理之下人口減少而衰敗，那麼，這個政府就是最壞的政府。統計學家們，現在是你們的事情了：你們去計算、衡量和比較吧！*

◆註釋◆

* 人類的繁榮昌盛而論，我們也應當根據這同一個原則來判斷哪些時代是最值得我們稱道的時代。有些人太誇讚文學和藝術繁榮的時代，而不深入研究文學和藝術繁榮的祕密目的，不考慮它們帶來的災難性後果。「只有傻瓜才把奴役的開始當成是在發展文化」[1]，大家須知：那些書中的嘉言雋語是卑鄙的個人利益促使作者們說的。這一點，人們怎麼看不出來呢？不，不管他們怎麼說，一個國家不論它多麼繁榮，只要它的人口一天天減少，它就不會真的是一切都好。即使一位詩人的年收入有十萬利弗爾，那也不能說明他所

處的時代是古往今來的最好的時代。要少看表面的安適、少看領袖們的從容，而應當多注意觀察整個民族的福祉。尤其是在那些人口最多的國家裡，冰雹雖然摧毀幾個城市，但它很少造成饑饉；暴亂和內戰雖嚇壞了首領們，但不會給人民帶來真正的痛苦，它們甚至可以使人民鬆一口氣，要過一段時間之後他們才知道往後又由誰來實施暴政。只有人們的經常狀態才會產生真正的繁榮或真正的災難。當一切都被枷鎖壓垮的時候，大家全都會走向滅亡。這時候，首領們就可以大施淫威，肆意荼毒人民了。「他們把哪裡弄成一片廢墟，他們就說哪裡是一片寧靜。」[2]當大人物們的紛爭震盪著法蘭西王國的時候，當巴黎的副主教懷揣匕首去出席國會的時候，這也未曾妨礙法國人民在自由安適的環境中人口繁衍，生活得很幸福。昔日的希臘正是在殘酷的戰爭年代裡日趨繁榮的，那時，儘管到處血流成河，但全國還是人口衆多。馬基維利說：「看來，我們的共和國[3]正是在燒殺、流放和內戰中強大起來的。」[4]公民們的美德、他們的風尚和獨立性，在增強國力方面所發揮的作用，比一切爭端在削弱國力方面所發揮的作用大得多。只需一點震盪就能撥動心靈的心弦；真正能使人民繁榮昌盛的，不是和平，而是自由。——作者

【1】見塔西佗：《歷史·阿格里柯拉傳》，第二十一章。——譯者

【2】同前，第三十一章。——譯者

【3】指佛羅倫斯。——譯者

【4】見馬基維利：《佛羅倫斯史·序言》。——譯者

第十章　論政府的濫用職權及其蛻化的傾向

由於個別意志總是不斷地違反公意，所以政府一直是在不斷努力對主權進行抵制，這種努力愈加強，則體制的改變就愈多。由於這裡沒有任何團體意志能與君主的意志相抗衡，因此遲早有一天君主會對主權者進行壓制，並破壞社會公約。這一不可避免的固有的弊病，從政治共同體誕生之時起，就一直不停地趨向於摧毀政治體，與衰老和死亡終將摧毀人的身體是一樣的。

一個政府的蛻化，通常有兩個途徑，即：政府的收縮，或者國家的解體。

當政府由許多成員過渡到很少的成員的時候，也就是說，由民主制過渡到貴族制、由貴族制過渡到國王當政的時候，政府便會收縮；這是政府的自然傾向。*如果它由少數倒退到多數，我們就可以說它是鬆弛了。不過，這種逆轉的情形是不可能發生的。

實際上，一個政府是只有在它的活力已經用盡，已經衰弱到不能再維持其形式的時候，才改變其形式。但是，如果政府在已經鬆弛的情況下還要擴充的話，它的力量便會立刻化爲烏有，它的存在便更難於維持；這時，就需要按照它的力量消失的程度加以補充和緊縮，否則，它所治理的國家就會土崩瓦解。

國家解體的情況，可以透過兩種方式出現。

第一種是君主不再按照法律治理國家，而且篡奪了主權者的權力。這時就產生了這樣一個重大的變化：不是政府在收縮，而是國家在收縮。我的意思是說：大國解體了，而在大國之中形成了另外一個純粹是由政府成員組成的國家。這個國家，對於人民來說，就是他們的主人，他們的暴君。因此，從政府篡奪主權之時起，社會公約便被破壞了，全體普通公民便當然地又恢復了他們天然的自由。這時候，他們之所以還服從政府，是迫不得已，而不是因爲有服從的義務。

當政府的成員分別篡奪了他們只能集體行使的權力時，也會出現這種情況；這也是一種違法行爲，而且還會造成更大的混亂。這時候，我們可以說，有多少行政官，就有多少君主，而國家的分裂也不亞於政府；它不是走向滅亡，就是改變形式。

當國家解體的時候，政府的濫用職權（無論是以什麼方式濫用職權）都通稱爲**無政府狀態**；與此不同的是，民主制就蛻化爲**群氓制**，貴族制就蛻化爲**寡頭制**。我還要補充一點，那就是：王政就蛻化爲**暴君制**。[5]不過，最後這個詞的意思模糊不清，需要加以解釋。

在一般的意義上，一個用暴力進行統治並蔑視正義與法律的國王，稱爲暴君；而在嚴格的意義上，「暴君」一詞是指一個本身沒有權利行使王權但竊取了王權的人。希臘人對「暴君」一詞的理解就是這樣的。一個君主，不論他是好是壞，只要他的權力是不合法的，希臘人都稱之爲暴君**；「暴君」和「篡權者」是兩個意思完全相同的同義語。

爲了使不同的事物有不同的名稱，我把篡奪王權的人稱爲「暴君」，把篡奪主權權力的人稱爲「專制主」。暴君是一個雖干預法律但是是按法律進行統治的人，而專制主則是把自己置於法律本身之上的人。可見，暴君不一定是專制主，而專制主則必然是暴君。

◆註釋◆

* 威尼斯共和國在海灣中緩慢的形成過程和發展，就是這種過程的顯著的例子；而令人吃驚的是，時間已經過去了一千二百年，威尼斯人似乎還停留在一一九八年大議會關閉之後開始的第二階段。至於人們所斥責的古代的大公，無論《威尼斯自由論》[1]是怎麼說的，大公都不是他們的主權者。這一點，已經是有人確證的。

不免有人會反駁我說，羅馬共和國經歷的過程卻恰恰相反，他們是由君主制過渡到貴族制，並由貴族制過渡到民主制。我卻不這麼認為。

羅慕洛斯起初創立的是一個混合政府，但不久就蛻變為專制政府。由於好幾個特殊的原因，國家過早地滅亡了，如同一個新生的孩子還沒有長大成人就死了。塔爾幹王朝被逐之後，才真正開始了共和國的誕生。但它在開始的時候並沒有一個穩定的形式，因為它沒有廢除貴族階級，所以只完成了事業的一半。由於採取了這種方式，所以世襲的貴族制（這是合法的政府制度中最壞的一種制度）便經常與民主制發生衝突，因而政府的形式一直搖擺不定，正如馬基維利所論證的，一直到設立了保民官的時候，政府的形式才固定下來。只是在這個時候才有一個真正的政府和一個真正的民主制。的確，那時候的人民不僅僅是主權者，而且還擔任行政官和法官，而元老院只不過是他們下屬的一個行政機構，用以緩衝或加強政府的施政；至於執政官，他們本身雖然都是貴族，雖然都是首席行政官，雖然在戰時是絕對的統帥，但在羅馬卻只不過是替人民主管某個部門的官員而已。

然而自此以後，羅馬政府便循著它自然的傾向而加速走向貴族制。貴族階級好像是自動消滅了，貴族制已不再像在威尼斯和熱那亞那樣存在於貴族共同體之中，而是存在於由貴族和平民組成的元老院共同體之中，甚至在保民官開始篡奪主權的時候，還存在於保民官共同體之中。其實，當政的人被稱作什麼，是無所謂的；當人民有了為他們治理國事的首領時，不論這些首領被稱作什麼，都是貴族制。

由於貴族制的濫用權力，於是便產生了一系列內戰和三頭政治[2]，蘇拉、尤里烏斯·凱撒和奧古斯都[3]三人已經事實上成了真正的國君；最後在提貝里烏斯[4]的專制統治下，國家解體了。可見，羅馬的歷史不但沒有證明我講的原則不對，反而肯定了我講的原則是正確的。——作者

[1] 《威尼斯自由論》是一六一二年出版的一本未署作者名字的小冊子，書中鼓吹羅馬帝國的皇帝對威尼斯共和國擁有統治權。——譯者

[2] 在羅馬共和國後期，出現了兩次由三人分掌政權的「三頭政治」。第一次大約在西元前六十年，由龐培、凱撒和克拉蘇斯三人分掌政權，史稱「前三頭政治」；第二次約在西元前四十三年，由奧古斯都、安東尼和李必達三人分掌政權，史稱「後三頭政治」。——譯者

[3] 蘇拉（西元前一三八—前七十八），羅馬政治家和將軍；尤里烏斯·凱撒（西元前一〇〇—前四十四），

羅馬「前三頭政治」中野心最大的人物，後來成了羅馬的獨裁者：奧古斯都（西元前六十三—前十四），羅馬「後三頭政治」中最有謀略的政治家，後來大權獨攬，成了羅馬帝國的第一個皇帝。——譯者

[4] 提貝里烏斯（西元前十四—西元三十七），羅馬帝國第二個皇帝，竭力推行奧古斯都制定的專制制度。——譯者

[5] 句中的這四個詞的著重號是原有的。——譯者

※「凡是在一個自由的城邦裡終身掌權的人，就稱為『暴君』。」（科．尼波斯[6]：《米提阿底斯傳》，第八章）是的，亞里斯多德說「暴君」與「國王」是有區別的：前者是為自己的利益而統治，而後者純粹是為了臣民的利益而統治（見《尼各馬可倫理學》，卷八，第十章）。不過，所有希臘的著述家都按照另外一種意義來使用這個詞，尤其是色諾芬[7]的《希羅》就是這樣的。根據亞里斯多德所做的區別來看，我們可以說，自從開天闢地以來，世界上就沒有出現過一個國王。——作者

[6] 尼波斯（西元前九十九—前二十四），羅馬史學家。——譯者

[7] 色諾芬（西元前四三〇—前三五五），希臘史學家，他的《希羅》是一本記述古敘拉古暴君希羅第一與一位哲學家對話的史學著作。——譯者

第十一章 論政治體的死亡

即使是體制最好的政府，也有此自然的和不可避免的結局。連斯巴達和羅馬[1]都滅亡了，還有哪個國家能永世長存呢？雖然我們想建立一個持久的制度，但切不可妄想使它永遠存在。想把事情做成功，這是可以的，但絕不可試圖做根本不可能的事，也不要以爲能使人的作品具有人間的事物所不可能達到的堅固性。

政治體與人的身體一樣，從它誕生之時起就開始走向滅亡，而且它本身就存在摧毀它自己的原因。不過，這兩者都具有一種或多或少的健康因素，足以使它們能存在一個或長或短的時期。人的肌體是大自然的作品，而國家則是人工做的產品。人的壽命長短，不由人決定，但國家的壽命則可由人給它一個盡可能好的建制，使它能存在一個盡可能長的時期。體制最好的國家也是要滅亡的，但是，只要沒有什麼意外的事件使它夭折，它是可以比別的國家多存在一些時間的。

政治體的生命的原動力，存在於主權權威；立法權是國家的心臟，行政權是國家的大腦，大腦指揮各部分的活動。大腦可能癱瘓，但人可依然活著。一個人儘管是白痴，但他好歹是活著的。然而，心臟一旦停止跳動，任何動物都會死的。

國家的生存，絕不是靠法律，而是靠立法權。過去的法律雖不能約束現在，但我們可以把沉默認當作是默認；把主權者未廢除的法律當作是主權者依然認定它是有效的，可以繼續行使的。凡是主權者想做的事，一經他公開宣布，只要他沒有撤銷，就表示他想把事情圓滿辦成。

人們爲什麼那麼尊重古老的法律，就是爲的這個緣故。人們認爲，古老的法律之所以能保持如此長久，正是由於古代人的一切想法都是很好的。如果當時的主權者停止不斷地承認那些法律是良好的，他們早就把它們廢除了。在一個體制良好的國家裡，法律之所以沒有衰弱，而且反而不斷地獲得新的力量，其原因就在於此。古代的判例，使那些法律日益受人尊重，反之，哪裡的法律因歷時已久而削弱，便顯示哪裡不再有立法權威，國家已不再有生命力了。

◆註釋◆

【1】盧梭大約在一七五一—一七五三年之間寫了一篇《斯巴達和羅馬這兩個共和國的比較》（見《盧梭散文選》，李平漚譯，百花文藝出版社，一九九五年版，第二六五—二七二頁）對這兩個共和國作了很有趣的分析和描述。他在這篇短文的結語中說：「把這兩個共和國放在一起研究的好處是：我們可以看到，儘管它們都沒有達到它們本可達到的十全十美的境地，但它們的缺點並不相同，互相都具有對方所沒有的優點。把它們的壞處一加比較，就可找到補救的良方。因此，根據事實而作的這一番比較，使我們看到了最好的政府的形象，看到了前所未有的大智大勇的人民。」——譯者

第十二章 如何保持主權權威

主權者只有立法權而無其他的權力，因此只能依靠法律來行動；而法律又只不過是公意的明確體現，所以，只有在人民全都集合起來的時候，主權者才能行動。人們也許會說：把人民全都集合起來！這簡直是在說夢話！這在今天雖然是辦不到的夢囈，可是兩千年前卻不是辦不到的。難道說人的天性改變了嗎？

精神事物中的可能性的界限，是不像人們想像的那麼狹隘的。是我們的弱點、我們的惡習和我們的偏見把它束縛住了。心靈卑鄙的人是不相信偉大人物的；卑賤的奴隸露出一副譏諷的樣子嘲笑「自由」這個詞。

現在讓我們用已經有過的事情來論證我們可能做到的事情。我不談古希臘共和國；在我看來羅馬共和國是一個偉大的國家，羅馬是一個偉大的城市。最後一次人口統計數字顯示羅馬城中武裝的公民有四十萬；最後一次人口普查顯示這個泱泱大國的公民人數超過了四百萬，還不包括屬民、外邦人、婦女、兒童和奴隸在內。

不難想像，要把首都及其周圍的那麼多人經常集合在一起，這是多麼困難啊！然而事實是：羅馬的人民很少有一連幾個星期不集會的，甚至還多次集會。他們不僅行使主權，而且還行使政府的一部分權利。他們處理事務，審理某些案件，聚集在廣場上的全體人民幾乎既是行政官同時又是公民。

只要回顧一下各民族的早期的歷史，我們就可發現，大部分古代的政府，甚至像馬其頓人和法蘭克人那樣的君主制政府，也有類似的會議。不管怎麼說，單單這一無可辯駁的事實就足以用來回答一切難題了。根據曾經有過的事情來推論可能辦到的事情，我認爲這個辦法很好。

第十三章　如何保持主權權威（續）

雖然集會在一起的人民批准了一套法律，從而規定了國家的體制，但這還不夠。他們建立了一個永久性的政府或者一勞永逸地把行政官都選舉出來了，這也不夠。除了因意外的情況而舉行的特別會議以外，他們還需要舉行絕對不能取消或延期的固定的和定期舉行的集會，以便人民在規定的日子可以按照法律合法地舉行會議，而不需要經過任何其他的召集程序。

除了這些按照規定的日期舉行的法定的集會以外，一切其他不是由負有這種責任的行政官按照規定的程序召集的人民集會都是不合法的；在這種集會上決定的一切，都是無效的，因爲召集會議的命令，其本身就應當是按照法律發出的。

至於合法集會的次數的多少，這要根據許多因素來考慮。這一點，是無法明確規定的。我們只能這樣一般地說：政府愈有力量，則主權者便愈應經常集會表示自己的意見。

也許有人會說，這些辦法對只有單獨一個城市的國家來說是好的，但是，如果一個國家是由幾個城市構成的，那怎麼辦呢？是劃分主權好呢？還是把主權集中由一個城市單獨行使，而讓其他城市都聽它的？

我的回答是：既不用前一個辦法，也不用後一個辦法。首先，主權權威只有一個，如果劃分它，就不能不摧毀它。其次，一個城市與一個國家一樣，是絕不可由法律規定聽命於另一個城市，因爲政治的實質就在於服從與自由兩者的協調一致；而「臣民」與「主權者」這兩個詞是互相關聯的同義語[1]，這兩者的意思結合成單獨一個詞，稱爲「公民」。

我還認爲，把幾個城市集合成一個單獨的城市，這總歸是一件壞事。而且，在試圖把它們集合的時候，切不可自以爲可以避免許多天然的不利之處；絕不可以用大國的濫用權力爲例子來反對那些主張國家要小的人。然而，要如何才能使小國有足夠的力量抵抗大國呢？[2]按照從前的希臘城市抵抗大王[3]的辦法就行了；按照晚近的荷蘭與瑞士抵抗奧地利王朝的做法就行了。

如果不能把一個國家縮小到適當的疆界以內，那麼，我們還有另外一個辦法，那就是：率性不要「首都」，讓政府輪流在每一個城市辦公、輪流在每個城市召集全國會議。

讓人民均勻地分布在全國各地，讓他們在全國各地都能享受同樣的權利和富足的生活。這樣做，國家就可發展得最強盛並治理得盡可能好。人們始終要記住：各個城市的圍牆全都是由破破爛爛的鄉村房屋構成的。每當我在首都看見修建一座宮殿時，我就認爲人們終將把整個國家變成一片廢墟。

◆註釋◆

【1】參見本書第二卷第一和第二章。——譯者

【2】對這個問題的解答，參見本卷第十五章末尾一段及盧梭對這段話所加的註腳。——譯者

【3】指波希戰爭時期的波斯國王大流士一世（西元前五二二—前四八六在位）。——譯者

第十四章 如何保持主權權威（續）

當人民合法地集會而成爲集體的主權者時，政府的所有權能便完全中止，行政權也停止行使；最渺小的公民的身分也和首席執政官的身分是同樣的神聖不可侵犯的，因爲在被代表的人出現的地方就不能再有代表了。[1]羅馬的人民大會裡發生的騷亂，大部分都是由於不知道或者忽視了這一法則引起的。這時候的執政官只不過是替人民主管某一部門的官員，保民官只不過是普通的議長*，而元老院則什麼也不是。

在中斷期間，君主要承認而且必須承認他有一個實際的上級。對他來說，這是很可怕的。人民的這些集會，是保護政治共同體和約束政府的一種方法，因此在任何時候都使首領們感到恐懼。他們總是挖空心思千方百計地進行阻撓，力圖使人民無法集會。這時候，如果公民們捨不得花時間和力氣，懶懶散散，寧要安適而不愛自由，他們就不可能長期抵抗政府的這種圖謀。於是，政府的抵制力便不停地增加，而主權權威最終必將喪失：大部分城邦就是這樣過早地覆亡的。

不過，在主權權威與專斷的政府之間有時候會出現一種中間力量；這一點，應當詳細講一講。

◆註釋◆

【1】人們也許對盧梭的這段話感到詫異，但實際上，他在這裡的論點與前面幾章的論點是一致的。他在這裡所說的「被代表的人」，指的是「主權者」；而「代表」一詞則是指政府。請參見盧梭在下一章（第十五章）中的這段論述：「法律所表達的是公意，因此很顯然，人民的立法權的行使是不能由他人代表的，而行政權就可以，而且也應當由他人行使，因為行政權只不過是按法律運用的力量而已。」——譯者

＊這個詞的意思，與英國議會中使用這個詞的意思差不多。由於職能上的相似，因此使執政官與保民官經常發生衝突，儘管兩者的權能此時已經中止。——作者

第十五章 論議員或代表

一旦爲公眾服務不再成爲公民心目中的主要事情，一旦他們寧肯花錢雇人而不願自己親自花力氣去服務，則國家便接近於毀滅了。要去打仗嗎？他們可以出錢雇兵，而自己待在家裡。要去開會嗎？他們可以推選議員，而自己待在家裡。由於懶惰和金錢的緣故，結果是：他們養兵來奴役祖國，養代表來使祖國大受其害。

由於商業和工藝攪得人心浮躁，由於人們唯利是圖、疏懶和貪圖安逸，因而使人的親手服務變成了用金錢雇人替自己去服務。人們寧肯花錢，爲的是使自己能輕輕鬆鬆地去掙更多的錢。殊不知花錢的結果是：不久就會使自己受到奴役。「錢財」這個詞是奴隸的用語；在城邦裡是沒有這個詞的。在一個眞正自由的國家裡，公民做任何事情都是親手做，沒有任何一件事情是要花錢的。他們不僅不用金錢去免除自己的義務，反而是既花錢又還要親手去盡自己的義務。我對一般人的看法實在不贊成，不過，我認爲勞役比賦稅更不違反自由。

國家的體制愈好，公眾的事情在公民的心裡便愈重於私人的事情；私人的事情甚至是很少的，因爲公眾共同的幸福在很大的程度上就包括了每個人的個人幸福，因此他不需要再去尋求什麼特殊的關照了。在一個治理得很好的城邦裡，大家都爭先恐後地去參加集會，而在壞政府的治理下，誰也不願意挪動身子去參加。因爲集會上的事情，誰也不關心；人們早就料到公意在集會上是不會占優勢的，與其去參加這種集會，還不如關心自己家裡的事爲好。從良好的法律中會產生更好的法律，從壞法律中必然會產生更壞的法律。一旦當人們一提到國家的事情就說：「這與我有什麼關係？」我們就可斷定國家即將滅亡了。

愛國心的淡薄，個人利益的膨脹，國家的龐大，對鄰國的征戰和政府的濫用職權，這一切，不言而喻，就是導致國家的議會裡之所以有議員或代表的原因。在某些國家裡，人們竟公然稱他們爲「第三等級」。這樣，就把其他兩個等級的個人利益放在第一位和第二位，而公眾利益就只能占第三位。

與主權是不可轉讓的道理一樣，主權也是不能由他人代表的。主權實質上就是公意，而意志是絕對不能由他人代表的。它要麼是自己的意志，否則就是別人的意志，中間的意志是沒有的。人民的議員不是而且也不可能是人民的代表；他們只不過是人民的辦事員罷了，在任何事情上都沒有最後決定之權。任何法律，不經過人民的親自批准，都是無效的，都不能成爲一項法律。英國的人民以爲他們是自由的；他們簡直是大錯特錯了。實際上，他們只是在選舉議員期間才是自由的；議員一選出，英國的人民就成奴隸了，就什麼也不是了。在他們短暫自由的時間裡，他們對自由的使用辦法，適足以使他們失去自由。

「代表」這個詞是近代才有的；它來自封建政府，來自那種使人類受到屈辱並使「人」這個名稱喪失其尊嚴的既罪惡又荒謬的政府制度。[1]在古代的共和國裡，甚至在古代的君主國裡，人民從來沒有過代表，他們根本就沒有這個詞。非常奇怪的是，在羅馬，保民官儘管是那麼神聖，但人們從來沒有想像過他們會篡奪人民的權能，而他們在那麼廣大的人群中也從未想過對他們的首領地位進行一次全民投票。從格拉古[2]時代發生的事情就可看出，人數太多有時候會造成很大的麻煩：當時有一部分公民不得不到屋頂上去投票。

在權利和自由受到普遍尊重的地方，不方便是不算一回事情的；明智的人民會以適當的辦法來處理一切：他們可以讓他們的隨從去做保民官不敢做的事，他們不擔心他們派遣的隨從會以他們的代表自居。

爲了說明保民官有時候如何代表人民，只需想像一下政府是如何代表主權者就夠了。法律所表達的是公意，因此很顯然，人民的立法權的行使，是不能由他人代表的，而行政權就可以，而且也應當由他人行使，因爲行政權只不過是按法律運用的力量而已。由此可見，如果仔細研究一下的話，我們就可看出，眞正按法律行事的國家是很少的。不管怎麼說，可以肯定的是，保民官既然沒有任何行政權力，他就不能以他擔負的職務賦予他的權利而代表羅馬人民，除非他篡奪了元老院的權力。

在希臘人那裡，凡是人民應當做的事，他們會主動去做的。他們經常在廣場上集會。他們居住之地的氣候很溫和，他們沒有貪心，奴隸們爲他們勞動；他們關心的大事是保持自由。沒有這些便利的條件，怎能保有同樣的權利呢？你們住的地方氣候比較嚴酷。因而有更多的生活需要；*一年當中有六個月無法讓你們在廣場上集會；你們悶聲悶氣講的話，在露天是很難讓人聽懂的。你們關心你們的收入更勝於關心你們的自由；你們怕貧窮而不怕受人奴役。

什麼！難道自由要靠奴隸制來維持嗎？也許是的；是兩個極端會合在一起了。一切不是出自自然的事物，都有其不便之處，而文明社會比其他事物就更有其不便之處。的確有這樣糟糕的情況：不犧牲他人的自由，就不能保持自己的自由；不使奴隸們澈底做奴隸，公民們就不可能完全自由。斯巴達的情況就是如此。至於你們這些現代的人，你們雖然沒有奴隸，但你們自己就是奴隸。你們以你們的自由去償付他們的自由。你們別再吹噓你們的這種做法了。我發現你們的這種做法是源於你們的怯懦而不是因爲你們有仁厚之心。

我這番話的意思絕不是說人們非有奴隸不可，更不是說奴隸制是合法的；我在前面已經論證了恰好與此相反。我的意思只不過是在闡明爲什麼自以爲自由的現代人要有代表而古代人卻不需要有代表的原因。總之，一個國家的人民只要一選出了代表，他們就不再自由了，他們就無足輕重了。

從方方面面仔細研究之後，我認爲，只要城邦不是非常之小，主權者今後在我們中間就不可能保持他們權利的行使。不過，如果城邦眞的是非常之小的話，它豈不會被人征服嗎？不會的。我將在以後**闡明如何把一個大國人民的對外力量與一個小國的良好政策和良好秩序結合在一起。

◆註釋◆

[1] 法文的homme（人）一詞，在法國封建時代有時候做「家臣」或「手下人」解，因此盧梭在這裡說「罪惡而又荒謬的政府制度」使「人」這個名稱喪失了尊嚴。——譯者

[2] 格拉古（西元前一六二—前一三三），羅馬共和國保民官。——譯者

* 在氣候寒冷的國家，如果像東方人那樣奢移和懶散的話，這無異於給自己帶上枷鎖。我們比東方人更易於染上這兩種毛病。——作者

** 這是我打算在本書的後續部分談論的問題，因為我在探討對外關係時，必然會探討聯邦[3]，這是一個嶄新的問題，它的原則還有待於確定。——作者

[3] 盧梭在他的《愛彌兒》第五卷中插入一篇《社會契約論》的摘要；關於聯邦和聯盟這個「嶄新的問題」，他說：「我們要研究：要醫治這些弊病，是不是可以採取聯盟和聯邦的辦法，讓每一個國家對內自主，對外以武裝去抵抗一切強暴的侵略。我們要研究如何才能建立一個良好的聯盟？如何才能使這種聯盟維持久遠？如何才能使聯盟的權利儘量擴大而又不損害各國的主權？」（盧梭：《愛彌兒》，李平漚譯，商務印書館，二〇〇七年版，第七一七頁）——譯者

第十六章 論政府的創建絕不是一項契約[1]

立法權一旦確立之後，就應當隨之確定行政權，因爲行政權只能以個別的行爲來運用。行政權不屬於立法權的本質，因此與立法權是天然地分離的。如果主權者被認爲既然是主權者，因而便具有行政權力的話，就會使權力和事實混淆不清，以致人們很難分辨哪些是法律，哪些不是法律。於是，這種變質的政治體不久就會成爲暴力的獵獲物，雖然它建立的目的爲的就是反對暴力。

按照社會契約，全體公民都是平等的，所以，凡是大家都應當做的事，就應由大家來規定；沒有任何人有權要別人去做他自己不願做的事。主權者在創立政府的時候，授予君主的就是這種爲了使政治體能夠存在與行動而不可或缺的權利。

有些人認爲，[2]創立政府的行爲是人民與他們自己給自己加在頭上的首領之間的一項契約，說什麼正是按照這種契約，才得以規定雙方應當遵守的條件，即一方有權發號施令，而另一方必須服從。但我認爲，這樣一種訂約的方式，眞是太奇怪了！現在讓我們來看他們的見解是否站得住腳。

首先，最高權威是不能轉讓的，也是不能改動的。如果限制它，那就必然會摧毀它。說主權者給自己頭上加上一個上級，這個話是很荒謬的，也是矛盾的；自己使自己有服從一個主人的義務，這就使自己恢復了完全的自由。[3]

其次，很顯然，人民與某個人訂的契約，是一種個別行爲，因此這種契約不能成爲法律，也不是一種主權行爲，因此是不合法的。

我們還可以看出：訂約的雙方都是處於唯一的自然法之下的，對他們互相承擔的義務是沒有任何保證的。這無論怎麼說，都是與政治狀態相違背的。由於手中有權的人始終是執行契約的主人，因此，這樣一種締約行爲，就等於是硬要一個人對另一個人說「我把我所有的一切都給你，條件是：你願意還給我多少就還給我多少。」

一個國家只能有一個契約，那就是結合的契約。有了這個契約，就不能再有任何其他的契約。我們無法想像任何另外一個公共契約不會破壞最初的契約。

◆註釋◆

【1】第十六、十七和十八章自成一個單元，論述政府的建立。人們也許會感到奇怪，不知道盧梭為什麼把有關

這個問題的論述放在第三卷的末尾，因為從敘述的順序上來看，這個問題似乎應該在前面論述了各種政府形式的建制原則和分類以後就緊接著敘述的。但是，一細心閱讀就可看出，盧梭之所以直到本卷結束時才談到這個問題，是有他的目的的，他的目的是，在論述了政府的建立（第十六和十七章）之後，馬上就把問題的要害轉移到如何防止政府篡奪主權權力（第十八章）。這一點，是本卷的中心思想；把它放在卷末作為全卷的結論，意在提請人們特別注意。——譯者

【2】盧梭的《社會契約論》問世以前的著述家，尤其是中世紀的政論家，幾乎全都把社會公約界說為一項「服從的公約」，即臣民服從君主，君主按照公共的福祉治理國家。這種看法到十八世紀已成為「普遍的意見」，為大家所接受。但盧梭不這麼認為。一七五三年他在《論人與人之間不平等的起因和基礎》中說：「關於一切政府的基本契約的性質，是尚待探討的問題，因此我今天暫不談它。」（盧梭：《論人與人之間不平等的起因和基礎》，李平漚譯，商務印書館，二〇〇七年版，第一〇九頁）九年以後，即一七六二年，他在《社會契約論》出版時，便向公衆宣告：他一七五三年暫不談論的問題已經有了明確的結論，那就是他在本章的標題所說的：「政府的創建絕不是一項契約」行為。——譯者

【3】「完全的自由」即在自然狀態下的自由。——譯者

第十七章 論政府的創建

我們應當按照什麼思路來設想創建政府的行爲呢？我首先要指出：這一行爲是一種複合行爲，或者說，是由其他兩種行爲構成的，即：法律的制定與法律的執行。

前一種行爲是：由主權者規定按照某種形式[1]建立一個政府共同體。很顯然，這種行爲是一項法律。

後一種行爲是：人民任命掌管所建立的政府的首領。不過，這一任命是一種個別行爲，所以不是另一項法律，而僅僅是前一項法律的結果，是政府的一種職能。

困難在於如何理解在政府成立之前人民如何能夠有一種政府行爲；而人民既然只能是主權者或臣民，他們何以能在某種情況下成爲君主或行政官。

正是在這一點上顯示了政治體能調和表面上互相矛盾的活動的令人驚異的功能之一。這個功能是由主權猝然轉化成民主制而完成的，其間沒有任何明顯的變化，只不過是由於另外一種全體對全體的新的關係，公民就變成了行政官，從而就可以由採取普遍的行爲過渡到採取個別的行爲，由制定法律過渡到執行法律。

這種關係上的轉變，絕不是沒有實際例證的主觀推論。在英國的國會裡天天都有這種情形：下議院在某些情況下爲了更好地討論事務便轉變成全院委員會。前一瞬間還是主權的議院，一下子就變成了一個普通的委員會，而且還接著就向下議院即向它自己提出它在全院委員會上所議定的方案，並在另一種名義下重新討論它所決定的事情。

透過一次簡單的公意行爲就可在事實上建立政府，這是民主政府固有的便利。此後，這個臨時的政府，或者是繼續執政（如果這就是它決定採取的形式的話），或者是以主權者的名義建立一個符合法律規定的政府；這一切都是按規則行事的。此外，就不可能有任何其他合法的方式可以建立政府，而又不違背前面確定的原則。

◆註釋◆

[1] 這裡的「形式」指政府的形式、即：或者按民主制、或者按貴族制、或者按君主制或混合的政府形式。——譯者

第十八章 防止政府篡權的方法

從以上的闡述中，我們就可得出與第十六章的闡述完全一致的結論，即：創建政府的行爲，絕不是一項契約，而是一項法律。行政權力的受託者不是人民的主人，而是人民任命的官吏；只要人民願意，人民既可以委任他們，也可以撤換他們。對官吏們來說，不是什麼訂約的問題，而是服從的問題。在承擔國家交給他們的職務時，他們只不過是在盡自己作爲公民的義務，而沒有以任何方式談論條件的權利。

即使人民建立的是一個世襲政府，無論是由一個家族世襲的君主制政府，還是由某個等級的公民世襲的貴族制政府，都不是一種協定，而只是人民賦予政府的一種臨時的形式，在人民下令更換另一種形式時，這種臨時的形式便告終止。

是的，這樣的改變是很危險的，因此，除非到了政府已經變得和公眾的利益不相容的時候，就千萬別去觸動已經確立的政府。不過，這種愼重的考慮，是一種政治法則，而不是一種權利的規定。國家不能把政治權威全都交給它的首領，其理由，與不能把軍權全都交給將軍是一樣的。

同樣眞實的是，在相似的情況下，人們是不可能非常細心地按照各種必要的程序區別哪些是正常的和合法的行爲，哪些是叛亂者的騷動；哪些是全體人民的意志，哪些是派系的叫囂，尤其是在這時候人民又不能拒絕把嚴格按照權利的規定應當給予的東西給予那個居心叵測的人，因此，正是由於人民有這種義務，君主才占了很大的便宜，可以不顧人民的反對而依然保持其權力，人民還不能說他是篡權。因爲君主可以假行使自己的權利之名，行擴大自己權利之實，並以公衆的安寧爲藉口，禁止那些旨在重建良好秩序的集會，甚至鉗制輿論，弄得全國萬馬齊瘖，而且還故意挑起事端，卻反過來說那些被嚇得噤若寒蟬的人是擁護他，並對那些敢於講話的人進行懲罰。羅馬的十人會議就是這樣做的：他們當選的任期原來只有一年，後來又延長一年，最後乾脆不允許人民大會集會，試圖永遠掌握權力。世界各國的政府一旦被授予公共權力，便遲早都將採用這種簡便的方法篡奪主權權威。

我在前面說的那種定期集會，正可用來防止或推遲這種弊端，尤其是在人民不需要有正式召開大會手續的時候。因爲在這個時候，如果君主加以阻止的話，就不得不表明他是在公開破壞法律，是國家的公敵。

以維護社會公約爲目的集會，一開始就應當提出兩個絕對不能取消，並且必須分別投票表決的提案。

第一個提案是：**主權者是否同意保持現在的政府形式**。

第二個提案是：**人民是否贊成讓現在主政的人繼續當政**。[1]

我在這裡有一個假設，即：我已經闡明在國家中沒有任何一種基本法是不能被廢除的，甚至社會公約也可以廢除，因爲，如果全體公民集會，一致同意廢除這個公約的話，這個公約就無疑是應當依法廢除的。格勞秀斯甚至認爲每個人都可以退出他是其中一分子的國家，從而恢復他天然的自由，並在離開那個國家的時候帶走他的財產*。可見，如果集合在一起的全體公民不能做他們每個人都能分別做的事，那就太荒謬了。

◆註釋◆

【1】這兩段話中的著重號是原有的。——譯者

* 很顯然，每個人都不能為了逃避他的義務而離開他的國家；都不能在祖國需要他服務的時候而不為祖國服務。這樣逃避，是有罪的，是應受懲罰的。這不是退出，而是背叛。——作者

第四卷

第一章　論公意是不可摧毀的[1]

只要若干人集合成一個整體，他們在維護共同的生存和公共的幸福方面，就只能有一個意志。這時候，國家的一切活力都是很強勁的。它的宗旨是明確的，沒有任何利益是互相衝突的，到處洋溢著歡樂的氣氛。只要稍加留心就可看出人們是很幸福的。和平、團結和平等是與政治上的爾虞我詐不相容的。正直和樸實的人們正是由於他們的單純，反而不容易受欺騙。誘惑和花言巧語休想引他們上鉤，他們甚至精明到還不足以當傻瓜呢！當我們在人民最幸福的國家裡看見一群群的農民聚集在橡樹下非常明智地討論國事時，我們對其他國家中的那種故弄玄虛的做法能不感到可笑嗎？他們裝模作樣，把一切都弄得很神祕，結果使他們自己聲名狼藉，苦不堪言。

一個治理得很好的國家，是只需要很少的法律的，而在有必要頒布新的法律時，這種必要性早已普遍爲人們看出來了。第一個提出那些法律的人，只不過是說出了其他人已經感到的情況罷了。只要他確信別人也會像他那樣做，這時候，把每個人都已決定要做的事形成法律，是不需玩弄手腕和多費脣舌就能使法律得到通過的。

有些理論家的錯誤在於：他們看到一個國家在誕生之時治理得很差，便很痛苦地認爲，要想在這個國家也這樣做，是根本不可能的。他們一廂情願地以爲讓一個手段高明的騙子或一個能說會道的說客到巴黎或倫敦就能說服人民相信他們的那套謬論。他們既不知道克倫威爾若是到了伯恩，就立刻會被人民關進鈴鐺牢；[2]他們也不知道波佛公爵若是到了日內瓦，就立刻會被收進教養院嚴加管教。[3]

當社會的紐帶開始鬆弛和國家開始衰弱的時候；當個人的利益開始占上風和小社會開始影響大社會的時候，公共的利益就會發生變化，就會遇到與之對立的利益，人民的聲音就不能形成一致，公意就不是全體的意志，於是就會出現矛盾，人們就會聚訟紛紜，爭吵不休，最好的意見不經過一番爭論，也是得不到採納的。

最後，當國家瀕於崩潰，只能以一種殘破不堪的形式苟存的時候；當社會的紐帶在所有人的心中都斷裂的時候；當卑鄙的私利厚顏無恥地披上神聖的公共福利的外衣的時候，公意就沉默了。每一個人都在心中打自己的小算盤，誰也不像公民那樣發表意見了，好像國家從來就沒有存在過似的。不僅如此，而且，有些人還假冒法律的名義來通過種種不公正的規章，以取得個人的私利。

公意是不是因此就消失或敗壞了呢？不，沒有。公意始終是牢固的，不可敗壞的；它永遠是純潔的，只不過屈居於另外一些現在比它更強烈的意志之下罷了。實際上，儘管每個人都想使他個人的利益脫離共同的利益，但他發現，他根本不能把它們澈底分開，何況與他終將獲得的獨有的好處相比，他所分擔的那一部分公共的負擔，就不算什麼了。除了這種獨有的好處以外，從他個人的利益出發，他與其他人一樣，也是非常希望大家都幸福的。即使爲了金錢而出賣他那一投票，他也沒有使他心中的公意完全消失；他只是回避了公意而已。他的錯誤在於改變了問題的狀態。對於別人向他提出的問題，他答非所問，以致他投票的時候心中所考慮的不是「這對國家有利」，而是希望「通過某個意見，以便對某個個人或某個黨派有利。」於是，集會中的公共秩序法則就不是在集會上維護公意，而是使公意遭到質疑，並由它來做出回答。

我本想在這裡詳細談一下主權行爲中的投票權。這個權利，是誰也不能從公民手中奪走的。此外，我還想談一談發言權、提案權、分議權和討論權等：這些權利，政府總是想讓它自己的成員享有。但是，這些重要的問題，是需要另外寫一篇文章來討論的，所以我無法把它們全都安排在這裡講。

◆註釋◆

[1] 關於「公意」，盧梭在第二卷第一至四章中已經論述過了。他之所以在本卷的開頭再次談論這個問題，是為了在第三卷和第四卷之間有一段承前啓後的文字，把第三卷第十七章（《論政府的創建》）和第十八章（《防止政府篡權的方法》）與本卷第二至七章的論述銜接起來，前後呼應，更好地闡發本卷所要闡發的

主題：如何充分地表達和體現公意，以保證國家的政治秩序得到維繫。——譯者

【2】克倫威爾（一五九九—一六五八），英國政治家，一個大獨裁者，一六五三年自封為「護國公」。伯恩的苦役監獄，老百姓稱它為「鈴鐺牢」，因為被判處苦役的犯人被帶到牢外做苦役時，脖子上繫幾個小鈴鐺，以引起人們的注意。——譯者

【3】波佛公爵（一六一六—一六六九），法王亨利四世之孫，一六四八—一六五三年法國投石黨暴亂時的首領之一。日內瓦的「教養院」是專門為收留不聽管教的孩子而設立的。——譯者

第二章 論投票

我們從上一章就可看出：對公共事務的態度，是顯示道德風尚的實際情況和政治體的好壞的一個相當可靠的標誌。集會上的氣氛愈是和諧，也就是說大家的意見愈趨於一致，則公意便愈占上風；反之，長時間的爭論不休，意見分歧，甚至吵吵嚷嚷，便顯示個人的利益在大肆活動，國家在走下坡。

當國家的體制中有兩個或更多等級的時候，則上面所說的情形就不十分明顯，例如羅馬共和國中的貴族和平民，雖然他們的爭吵即便是在共和國最美好的時期，也經常把人民大會攪得亂成一團。不過，這一例外的情形是表面的而不是眞實的，因爲這時候由於政治體固有的這一缺陷，可以說是在一國之內出現了兩個國家。這一點，雖說把兩者合起來看是不眞確的，但把它們分開來看就是眞確的了。實際上，即使是在最動盪的時候，只要元老院不干預，人民的投票總是非常安靜地進行的，而且總是按多數票表決的。公民只有一種利益，人民只有一個意志。

循環到了另一端，也會出現全體一致。這時候，淪落到奴隸狀態的公民既沒有自由也沒有意志：恐懼和吹捧把投票變成了一片喧囂；人們不再討論，會場上不是歌功頌德就是亂罵一氣。

元老院在皇帝統治下就是用這種可恥的方式發表意見的。有時候，這種做法竟謹愼到十分可笑的地步。塔西佗說：在奧托[1]統治下的元老們在大罵維提里烏斯[2]的同時，故意鬧鬧嚷嚷，亂吼亂叫，爲的是使維提里烏斯在萬一成了主子的時候無法知道他們當中的每一個人說了些什麼。

從以上所說，就可推導出這樣一個法則，那就是：應當根據判斷公意的難易程度和國家盛衰的情況來決定計算票數和分析意見的方法。

只有一種法律由於其性質而必須全體一致同意才能通過；這個法律是：社會公約，因爲政治結合是世界上最自願的行爲。每一個人生來都是自由的，是他自己的主人，因此，無論何人都不能以任何藉口在未得到他本人同意的情況下就奴役他。說一個奴隸的兒子生來就是奴隸，這等於是說他生來就不是人。

即使在訂立社會公約時有人表示反對，他們的反對也不能使公約無效，頂多只是把這些人不包括在內罷了；他們是公民中的外邦人。而在國家建立以後，居留在國內就表示同意，住在國家的領土上，就表示服從主權。*

除了這個原始契約以外，投票的大多數就可以約束所有其他的人。這是契約本身產生的結果。也許有人會問：一個人既然是自由的，怎麼又不得不服從不屬於他的意志呢？反對者既然是屈從於他不同意的法律，又怎麼能說他是自由的呢？

我的回答是：這個問題的提法不妥。因爲一個人既然是公民，這就顯示他是同意所有一切法律的，甚至對那些不顧他的意願而訂的法律和他如果破壞其中任何一條就要對他實行懲罰的法律也是同意的。國家全體成員的經常意志就是公意。正是有了這個公意，所以他才成爲公民，而且是自由的。** 當有人在人民的集會上提議一項法律時，他不問在場的人是同意還是否定這項法律，而是問這項法律是否符合公意，於是大家用投票的方法來表達他們對這項法律的意見，最後以票數計算的結果宣告公意。因此，如果與我的意見相反的意見占了上風，這並不說明其他的問題，而只是說明我的意見錯了，說明我認爲是公意的事項不是公意。如果我個人的意見竟然勝過了公意，那我就做了一件恰恰不是我想做的事，這時候，我就不是自由的了。

當然，以上的闡述是基於這樣一個假定，即：公意的一切特徵始終存在於多數之中。如果不是這樣的話，那麼，無論你站在哪一邊，都是沒有自由可言的。

我在前面論述人們在公共事務的討論中是如何用個別意志去代替公意時，已詳細提出了防止這種弊端的切實可行的辦法[3]；這一點，我以後還要再次談到。[4]至於宣告這種意志所需要的投票的比例數，我也提出了如何決定的原則。只要有一票之差，就可以破壞雙方的相等；只要有一個人反對，就不是全體一致。不過，在全體一致和雙方相等之間，有好幾種不相等的分配，人們可以按照政治體的情況和需要來確定每一種的票數。

有兩個一般的法則可以用來確定這種比率。第一個是：討論的問題愈重大，則應採納愈是接近全體一致的意見；第二個是：事情愈是需要迅速解決，則規定的雙方票數之差就愈應縮小；在必須立刻做出決定的討論中，只需超過一票就可以了。第一個法則似乎更適合於表決法律的制定，第二個法則更適合於重大事情的處理。不過，不論如何，都必須把兩者結合起來，才能確定宣布其爲多數的最好的比率。

◆註釋◆

【1】奧托（三十二－六十九），羅馬皇帝，因與維提里烏斯爭奪權力，被維提里烏斯擊敗後，旋即自殺。——譯者

【2】維提里烏斯（十五－六十九），羅馬將軍，擊敗奧托後，被眾人擁戴為皇帝，並於西元六十九年四月得到元老院的承認，但同年十月就被羅馬人民推翻，他本人也被亂兵所殺。——譯者

* 這當然指的是在一個自由的國家內，因為由於家庭、財產、沒有安居的住處、生活的需要和暴力這些因素也可以強把一個人留在國內，所以單憑他的居住，還不能斷定他是同意公約還是破壞公約。——作者

** 在熱那亞，在監獄的大門上和苦役犯的鎖鏈上都刻有「自由」二字；這個辦法既好又正確。的確，在各個國家，只有壞人才阻撓公民的自由。在一個把這種人全都罰去做苦役的國家裡，人們充分享受著自由。——作者

【3】見本書第二卷第三章和第三卷第十八章——譯者

【4】見本卷第三和第四章。——譯者

第三章 論選舉

關於君主和行政官的選舉，我已經說過了，是一種複合行爲。在這方面，可以採取兩種辦法，即：選定和抽籤。這兩種方法在不同的共和國中都採用過，甚至現在在威尼斯選舉大公時，還是按照這兩種方法非常複雜的混合形式進行的。

孟德斯鳩說：「用抽籤的辦法進行選舉，是符合民主制的性質的；」這，我同意。不過，爲什麼是這樣的呢？孟德斯鳩說：「抽籤是一種不使任何人感到苦惱的選舉方法，它使每一個公民都能有一個爲祖國服務的合理希望。」[1]這就說得不對了。

人們如果注意到選舉首領是政府的職能而不是主權的職能的話，就可看出，抽籤的辦法之所以符合民主制的性質，是因爲在民主制裡，行政機構的行爲愈少，則行政機構就愈好。

在一切眞正的民主制度下，擔任行政官不僅無任何好處，反而是一項沉重的負擔。人們無法公平地把這項職務強加給這個人，而不強加給另一個人，只有法律能把它加給那個中簽的人。因爲在抽籤時，大家的條件都是相等的，何況選擇是不由任何人的意志來決定的，所以這當中沒有任何能改變法律的普遍性的人的因素在發揮作用。

在貴族制下，是由君主來選擇君主的，由政府來保存自己。在這種制度下，用投票選擧的方法是很合適的。

以威尼斯大公的選擧爲例，它不但沒有否定，反而證明確有這種區別。這種混合的形式正適合於混合政府，因爲人們本來就不應當把威尼斯政府視爲眞正的貴族制。如果說威尼斯人民在政府中從來就沒有過一席之地的話，威尼斯的貴族也與人民完全是一樣的，一大批窮巴拉波特[2]從來就沒有擔任過任何官職，只擁有「閣下」這個空頭銜和參加大議會的權利而已；那個大議會的人數，與我們日內瓦的大議會的人數是一樣的多，其中有些人雖然是很顯赫的，但他們的特權並不比我們的普通公民多。除了這兩個共和國的極端差異以外，我們發現，日內瓦的市民恰好相當於威尼斯的貴族，我們的土著和居民就相當於威尼斯的市民和人民，我們的農民就相當於威尼斯大陸的臣民。總之，無論從哪個角度看這個共和國，除了它的地域比我們大以外，它的政府並不比我們的政府更像貴族制。全部差別在於：我們沒有一個終身的首領，所以不需要抽籤。

在眞正的民主制下，用抽籤的辦法選擧，並沒有什麼不便之處，因爲大家無論在品德和才能方面，還是在地位和財富方面，都是平等的，所以無論選誰，都沒有多大關係。不過，我已經說過了：眞正的民主制是從來就沒有過的。

如果選擧和抽籤這兩種辦法都同時採用的話，則前者可用來挑選需要有專門才能方可擔任職務的人，如軍事指揮官；而在選用只需有健全的頭腦和公正廉潔的名聲就可擔任職務的人時，例如審判官，就可採用後一種辦法，因爲在一個體制良好的國家裡，這些品質是所有的公民都具有的。

在君主制政府中，抽籤和選舉這兩個辦法都用不上，因爲國王是當然的唯一國君和行政官；選用其下屬的權利，獨一無二地是屬於他的。當聖皮爾神父建議擴充法蘭西國王的行政機構，並用選舉的辦法選用其成員時，他沒有意識到他這個建議是在改變政府的形式。[3]

我本想在這裡談一下人民大會上的投票和計票方法，然而羅馬政治制度史在這方面已經把我準備要講的原則全都闡述得很清楚了。博聞強識的讀者若再詳細觀察一下在一個二十萬人的大會上是如何處理公共的和個別的事務，那對他或許是不無益處的。

◆註釋◆

[1] 見孟德斯鳩：《論法的精神》，第一卷，第二章。——譯者

[2] 巴拉波特，聚居在威尼斯聖·巴拉貝貧民區的窮貴族。——譯者

[3] 聖皮爾神父（一六五八—一七四三），是巴黎貴婦人杜賓夫人家的常客。一七四三年神父逝世後，杜賓夫人出於對神父的愛戴之情，要求當時在她家擔任祕書的盧梭對神父尚未發表的各種著作加以整理、摘錄和評注。句中所說的聖皮爾神父的「建議」，指神父的《部長聯席會議制》。盧梭在整理這部著作時發現：

神父太大膽了，竟公然「主張廢除由國王任命大臣管理國事的制度，而代之以憑才能當選的官員組成的行政會議主持國政。這個辦法等於是公開剝奪國王的王權，把國王改變成行政會議的主席。盧梭認為這個意見必將引起軒然大波。」[4]因此沒有把他所撰寫的《評聖皮爾神父的〈部長聯席會議制〉》交給杜賓夫人發表。——譯者

[4] 見特魯松：《盧梭傳》，李平漚、何三雅譯，商務印書館，一九九八年版，第一八九頁。——譯者

第四章 論羅馬人民大會

我們沒有有關羅馬早期歷史的可靠的資料；人們所講的那些有關羅馬的事，看來大部分都是傳說。*一般來說，各民族的編年史中最有教益的部分，即他們當初建國的那段歷史，是我們最缺少的。經驗每天都在告訴我們，各個帝國的革命是由於什麼原因發生的。可是現在已經不再有新的民族在形成了，所以我們只能憑推測來論述他們是如何形成的。

我們所發現的種種既成習慣，至少能顯示那些習慣有一個起源。凡是能追溯到起源的傳說，凡是經過最大的權威證實並有許多強有力的理由肯定的傳說，都應當被認爲是可靠的。我在追尋世界上這個最自由和最有力量的民族是如何行使他們的最高權力方面，所遵循的就是這個原則。

羅馬建國之後，新生的共和國，即由阿爾班人、薩賓人和外邦人所組成的那支軍隊，分成三種人。由於這種區分，所以稱之爲部族。每一個部族再分爲十個庫里亞；每一個庫里亞又再分爲若干德庫里亞；每一個庫里亞和德庫里亞都有一個首領，分別稱爲庫里昂和德庫里昂。

此外，還從每個部族抽調一百個騎兵或騎士編爲團隊，稱爲「百人團」。由此可見，當初在一個城裡沒有必要的這種劃分，純粹是出於軍事性的。不過，在我看來，使這個小小的羅馬城之所以能預先就給自己建立了這麼一個適合於這個作爲全世界的首都的政體，似乎是出自一種偉大的本能。

從這第一次劃分之後，不久就出現了一種糟糕的局面：阿爾班人的部族（Ramnenses）和薩賓人的部族（Tacienses）始終是原來那個樣子，而外邦人的部族（Luceres），由於外邦人的不斷湧入便不斷地增加，以致不久就超過了前兩個部族。針對這種危險的狀況，塞爾維烏斯的補救辦法是：廢除按種族來劃分，而代之以按部族在城中所居住的地區來劃分，把原來的三個部族分爲四個，每一個部族占據羅馬的一座小山，並以山名爲部族名。這樣，既解決了眼前的不平等，又防止了未來的不平等。這種劃分法，不但劃分了地區，而且還劃分了人：禁止這個地區的人轉移到另一個地區，從而防止了各個種族的互相混合。

塞爾維烏斯還把原來的三個百人騎兵團增加了一倍，而且還另外增加了十二個，不過，名稱不變，還是原來的名稱。這個辦法又簡單又方便，一舉就把騎士團與人民團體分開了，使人民毫無怨言。

在這四個城市部族之外，塞爾維烏斯又增加了另外十五個部族，名稱爲「鄉村部族」，因爲他們是由分居在十五個鄉區的居民組成的，後來又新增了十五個。這樣，羅馬人便一共分成三十五個部族，從此一直到共和國終了都一直是這個數目。

從城市部族和鄉村部族這種劃分法，產生了一種值得一談的結果，因爲以前還從未有過這樣的先例，而且羅馬的風尚之得以保存和帝國之得以擴大，都歸功於此。有些人認爲城市部族不久就竊取了權勢和尊榮，而且敗壞了鄉村部族。情況恰恰相反，大家都知道，早期的羅馬人是喜愛鄉村生活的。這種愛好，來自那位賢明的建國人[1]，他把農事和軍事與自由結合在一起，而且可以說是把那幫從事工藝的人、搞陰謀的人、貪戀財富和畜養奴隸的人，全都趕進城裡。

因此，羅馬所有的有名人物全都生活在農村，並且耕種土地。當國家需要治國的幹才時，人們總是到農村去尋訪。這種情況，正是那些最受人尊敬的貴族們的狀況，因此受到人們普遍的讚賞。他們寧過鄉村簡樸而勤勞的生活，而不願意過羅馬城裡的人的那種懶懶散散的生活。一個在城裡一直窮愁潦倒的無產者，一到農村勞動，就會變爲受人尊敬的公民。瓦戎[2]說：我們古代的先賢之所以要把農村建設成爲一個培養英勇的人的大營地，不是沒有道理的。只有在這樣的營地培養出來的人才能在戰時保衛他們，在和平時期能供養他們。普林尼[3]非常明確地指出：鄉村部族之所以受人尊敬，是因爲組成這種部族的成員都是受人尊敬的人。反之，爲了羞辱遊手好閒的人，就把他們打發到城市的部族去。薩賓人阿皮烏斯·克勞狄烏斯回到羅馬時備受尊榮，被編入了一個鄉村部族，這個部族後來就以他的姓氏命名。而那些被釋放的奴隸全都被編入城市部族，沒有一個被編入鄉村部族。在整個共和國時期，從來沒有一個被釋放的奴隸擔任過公職，儘管他們已經成爲公民。

這種做法本來是很好的，但太做過了頭，以致終於產生了一種變化，在制度上形成了一種弊端。

首先，監察官長期掌握了可以把公民從一個部族轉到另一個部族的權利以後，便任意行使，竟允許大部分人喜歡加入哪個部族就加入哪個部族。這樣做，不但一點好處也沒有，而且還使監察權失去了它最大的作用之一。此外，由於有實力和有地位的人全都編入鄉村部族，而被釋放的奴隸成爲公民之後便一直與民眾在一起，留在城市部族，因此，一般來說，部族就不再是按地方和地區來劃分，以致全都混雜不清，除了根據名冊以外，便沒有辦法分辨各部族的成員。「部族」這個詞的意思，便從按實物[4]來劃分轉變爲按人身來劃分，或者更確切地說，這個名詞幾乎已經變得空有其名了。

還有，城市部族由於更易於集合，所以在人民大會裡總是比其他部族人多勢眾，把國家出賣給那些向部族中的無恥之徒賄買選票的人。

至於庫里亞，由於當初建國的人[5]規定每個部族有十個庫里亞，因此那時候住在羅馬城中的全體羅馬人就有三十個庫里亞。每個庫里亞都有它自己的廟宇、神祇、官吏、祭司和稱爲「大路節」的節日；這種節日，和後來鄉村部族中的鄉村節差不多。

按照塞爾維烏斯的新的劃分法，這三十個庫里亞根本不可能平均分配在四個部族裡，因此他也不想觸動它們。這樣一來，部族中那些相對獨立的庫里亞便形成了羅馬居民中的另外一種劃分方式。不過，不論是在鄉村部族中，還是在構成鄉村部族的人民中，都不發生庫里亞問題，因爲部族已經變成了一種純粹的民事組織，並採用了另外一種部隊徵集的制度。羅慕洛斯原先那種軍事性質的劃分法，已經沒有用了。因此，儘管所有的公民都登記在部族的名冊裡，但在一個庫里亞內根本找不到幾個公民。

塞爾維烏斯後來又做了第三種劃分法。這第三種劃分法與前面兩種劃分法毫無關係，但後來由於它的作用竟變成了最重要的一種。他把所有的羅馬人分爲六個等級，既不按地方劃分，也不按人身劃分，而是按財富劃分。前面兩級全是富人，最後兩級全是窮人，中間兩級是財產不多也不少的人。這六個等級的人又分編成一百九十三個團隊，稱爲「百人團」。這些團隊又是這樣分配的：第一等級的人獨占其中的半數以上，最末一級只構成其中的一個團。這樣一來，人數最少的那一級竟然成了團數最多的那一級，而整個最末一級只不過是一個次級的劃分單位，儘管他們的人數占羅馬居民的過半數。

爲了使人民不至於看出這後一種形式的後果，塞爾維烏斯便設法使它看起來好像是軍事性的組織。他在第二級中組建了兩個甲冑士百人團，在第四級中組建了四個軍械士百人團。除了最後一級以外，其他各級的人又分青年和老年，這就是說，分成有服兵役義務的人和因年老按法律免服兵役的人。這種劃分法，比按財產劃分的辦法更需要經常重新進行人口普查和統計，所以他決定人民大會在瑪律斯廣場舉行，所有達到服兵役年齡的人都需帶著武器參加。

塞爾維烏斯之所以不在最末一級區分青年和老年，是因爲他不願意讓這一級的人享有爲祖國服兵役的榮譽，因爲，必須是先有殷實的家庭，然後才有保衛家庭的權利。像今天在各國國王的軍隊中那一大幫吊兒郎當的乞丐隊伍，要是出現在當年羅馬的步兵隊裡的話，也許沒有一個不被人們輕蔑地攆出去，因爲那時的士兵乃是自由的保衛者。

在最末一級中，還分成「無產者」和「按人頭計數的人」。前者並不是完全一無所有，他們至少還在向國家提供公民，甚至有時候在緊要關頭還向國家提供士兵。至於那些全然一無所有、除了按人頭便無法計數的人，根本就不被人看在眼裡，只是到馬留烏斯時代才開始徵募他們入伍。

這第三種計數方法本身是好是壞，我在這裡不作結論，但我要著重指出的是：這種方法之所以能夠實行，完全是靠早期羅馬人的淳樸風尚、大公無私以及對農耕的喜愛和對商業與貪財之心的鄙夷。如今在現代的各個國家，人們各個貪得無厭，人心浮躁不安，爾虞我詐，人口不斷流動，貧富窮通變化無常，人們能讓這樣一種做法持續二十年不擾亂國家嗎？還需指出的是，正是羅馬人民有這種比制度更強有力的風尚和輿論，才糾正了制度中存在的種種弊病。在羅馬，富人如果太顯示自己的富有的話，是會被貶到窮人的等級去的。

從以上的敘述就可明顯地看出：爲什麼一般人都說只有五個等級，而實際上有六個等級，其原因就在於此。第六級既不提供帶武器的士兵，也沒有在瑪律斯校場**投票的權利，在共和國裡幾乎沒有任何用處，很少被人看在眼裡。

以上是羅馬人民的幾種不同的劃分。現在來看這些劃分在大會中產生的效果。這種合法召開的大會，稱爲人民大會，通常都是在羅馬公共會場或瑪律斯校場舉行；分爲庫里亞大會、百人團大會和部族大會三種：這要根據它們是按三種形式中的哪一種形式召開而定。庫里亞大會是羅慕洛斯創立的，百人團大會是塞爾維烏斯創立的，部族大會是人民的保民官創立的。任何一項法律的批准和任何一位行政官的選用，都必須在人民大會上通過。由於每一個公民不是編在某一個庫里亞里，就是編在某一個百人團或某一個部族裡，因此沒有任何一個公民沒有投票權。羅馬人民無論在法律上和事實上都是眞正的主權者。

爲了使這些大會能合法地召開，並使大會上通過的事項具有法律效力，就定下了三條規定：第一，召開這種大會的機構或行政官，必須具有召開這種大會的權力；第二，這種大會必須在法定的日子召開；第三，占卜的結果必須是大吉大利的。

第一條規定的理由，是用不著解釋的；第二條是一種行政措施：在節日或集市的日子是不允許舉行大會的，因爲鄉村中的人到羅馬來有許多事情要辦，沒有時間整天待在會場上。由於有第三條規定，元老院便可以約束一大群驕傲而又急躁的人，並及時緩解試圖鬧事的保民官的狂熱；不過，保民官也有他們擺脫這一約束的辦法。

法律的制定與首領的選舉，並不是提交人民大會解決的唯一事項。羅馬人民還奪取了政府的多種職能。我們可以說：歐洲的命運是在這些大會上決定的。開會的目的多樣性，可以使大會根據所要處理的事項而決定不同的開會形式。

要評判這幾種形式，只需把它們加以比較就可以了。羅慕洛斯創立庫里亞的目的，是旨在以人民來制約元老院，以元老院制約人民，而他自己對這兩者都可以加以控制。他透過這種形式，使人民在人數上占優勢，以平衡他讓貴族們在權勢和財富上的優勢。不過，按照君主制的精神，他還是讓貴族們占了更多的優勢，因爲那些受貴族們保護的人必將偏向貴族，使貴族在票數上占多數。這樣一種值得稱道的保護者與受保護者的制度，是政治的與人道的一種傑作；沒有這種制度，與共和國的精神相違背的貴族制便無法存在。只有羅馬才能在全世界創造這麼一個良好的榜樣：它從未產過什麼弊端，不過，後來也沒有人仿效。

由於庫里亞這種形式從王政時期一直保持到塞爾維烏斯時代，而最後一個塔爾幹王朝的統治又被認爲是不合法的，所以通常都把王政時期的法律稱爲「庫里亞法」。

在共和國時期，庫里亞只限於四個城市部族，而且只包括羅馬的民眾，因此既不能與作爲貴族之首的元老院相抗衡，也不能與作爲富裕公民之首的保民官相匹敵，儘管這些保民官也是平民。因此，它們威信掃地，竟淪落到如此地步：它們的三十個小吏集合起來就能做庫里亞大會能做的全部事情。

百人團的建制是如此之有利於貴族制，以致在剛開始的時候，人們不知道元老院爲什麼在以百人團命名的大會上總不占優勢，不知道元老院爲什麼在執政官、監察官和其他象牙行政官[6]都是由百人團選出的百人團大會上總落下風。其實，這是因爲構成羅馬全體人民的六個等級的一百九十三個百人團，第一級就占了九十八個，何況按百人團的團數來計票，第一級一個級的票數就超過了其他各級的總和。當所有的百人團都一致同意的時候，人們就用不著再統計票數，最少數的人通過的事就成爲大多數人的決定了。因此我們可以說，在百人團大會上，是按財富的多少而不是按票數的多少來決定事情的。

不過，對於這種極端的權威，可以用兩個辦法來緩和。首先，保民官通常是而且大多數都是平民；他們也是屬於富人的等級的，所以他們在第一級裡可以與貴族們的勢力相抗衡。

第二個辦法是：鑑於投票總是從第一級開始的，因此不讓百人團在開始的時候就按他們的級別投票，而用抽籤的辦法抽出一個百人團，讓這個百人團***單獨進行選舉，然後在另外一天，按等級召集所有的百人團進行這同一項選舉，其結果通常是一致的。這樣，按級別示範的帶頭作用，便按照民主制的原則讓位給抽籤了。

這個辦法還有另外一個好處，那就是：在兩次選舉之間，鄉村的公民有時間去了解臨時被提名爲候選人的才能，以便把票投給他們所了解的人。不過，往往由於藉口要迅速完成投票，這個辦法便被廢除了，改爲兩次選舉同一天進行。

嚴格說來，部族大會才是羅馬人民的議會。部族大會只能由保民官召開，在會上選舉保民官和通過平民制定的法律。元老院不但對它沒有影響力，甚至根本就無權參加，而且還必須服從他們無權參加的大會通過的法律。在這一點上，元老們還不如最卑微的公民自由。不過，這種不公平的做法被人誤解了，因而使一個不是全體成員都參加的公共團體制定的法令全都失效。當所有的貴族按照他們作爲公民應有的權利而參加這種大會時，他們就成爲普通的個人，他們便無法影響按人頭計票的表決形式，因爲在這種會上，最卑微的無產者與元老院的首席元老完全是平起平坐的。

除了由於一個如此眾多的人民在投票方面按不同的分配方式產生的秩序之外，這些分配方式的本身也不是無關緊要的；其中的每一種，對人們之所以願意採取這種形式的原因，都產生相對的作用。

我們不必多談細節，僅從以上的敘述就可看出部族大會是最有利於人民的政府的，而百人團大會最有利於貴族制。至於庫里亞大會（羅馬的民眾只有在這種大會上才占多數），由於它們只有利於暴君制和心懷陰謀的人，所以一再遭到人們的指摘，就連那些喜歡玩弄詭計的人也都不採用這種易於使他們的詭計過分暴露的辦法。的確，羅馬人民的尊嚴只有在百人團大會上才能顯示出來，只有這種大會才是各個部族都包括在內的；而庫里亞大會便不包括鄉村部族，部族大會就不包括元老院和貴族。

至於計票的方法，在早期的羅馬人中，也像他們的風尚那樣簡單，雖然還不像斯巴達人那樣簡單。每個人都高聲表示他投誰的票，由一個記票員依次把每個人的票記下來。每個部族的多數票便決定該部族表決的結果；而部族之間的多數票，便決定了人民表決的結果。庫里亞大會和百人團大會的計票方法，也是如此。只要公民們都很誠實，每個人都羞於公開把票投給一個不正確的意見或一個無德無才的人，這個辦法當然是很好的。然而在人民已經腐敗而且有人賄買選票的時候，那就以採用祕密投票的方式爲好，因爲只有這樣，才可防止那些有賄買選票之嫌的人搞鬼，才能使那幫無賴的宵小不至於變成出賣公眾利益的蟊賊。

我知道西塞羅曾譴責過這種變化，並把共和國的覆亡的一部分原因歸咎於它。不過，儘管我覺得西塞羅的評論頗有道理，但我並不贊同。我認爲，恰恰相反，正是由於沒有進行足夠的類似的變革，才加速了國家的滅亡。如同健康人的那套飲食方法不適合於病人一樣，我們切不可拿適合於好民族的那套法律去治理一個腐敗的民族。再沒有什麼能比威尼斯共和國存在的時間之長更能證明這條法則是正確的了。威尼斯共和國徒有其名的空架子之所以迄今還依然存在[7]，唯一的原因就是由於它的那些法律適合於壞人。

每個公民都領到一張票；他們在所投的票上表示的意見，不讓任何人知道。在投票、計票和比較票數等方面，人們也規定了一些新的程序，但這也未能防止擔負這項工作****的官員們的忠誠不受人懷疑。最後，爲了防止舞弊和賄選的行爲，還發布了許多禁令，而禁令的數目之多，正足以顯示出它們是沒有用處的。

到了共和國末期，羅馬人不得不臨時採取一些特別的辦法來補救法律之不足。有時候他們假託神靈；但這個辦法只能欺騙人民，而不能欺騙統治人民的官員。有時候他們趁候選人還來不及玩弄手段之前，突然召集一次大會。有時候當他們發現被人收買的人準備投票給壞人時，他們在會上便東拉西扯瞎發言，把開會的時間消耗掉。不過，抱有野心的人也有他們應付的方法。而令人難以置信的是，面對如此之多的弊端，爲數眾多的羅馬人民靠他們原先那套舊的規章，竟從未停止過選舉行政官、制定法律、審理案件和處理大小公事，而且進行得非常順利，與元老院親自辦理幾乎是一樣的。

◆註釋◆

* 「羅馬」這個詞，有人說來自羅慕洛斯（Romulus），其實它是希臘文，意思是「強力」；「努馬」

（Numa）一詞也是希臘文，意為「法律」。羅馬城中最初兩個國王難道不是預先就給自己取了顯示他們事業的名字嗎？——作者

【1】指羅慕洛斯。——譯者

【2】瓦戎（西元前一一六—前二十七），羅馬哲學家和史學家。——譯者

【3】普林尼（二十三—七十九），指羅馬史學家老普林尼。——譯者

【4】「實物」指土地，指部族成員居住的地方。——譯者

【5】指羅慕洛斯。——譯者

＊我之所以要指明是在瑪律斯校場，是因為百人團的大會是在這裡舉行的。至於其他兩種形式，人民則是在公共會場或其他地方舉行。這時候，「按人頭計數的人」也有與最高級的公民同樣的影響力和權威。——作者

【6】象牙行政官，有資格坐象牙椅的高級行政官。——譯者

＊＊人們讓這個用抽籤抽出來的百人團第一個投票，因此稱它為「優先團」；優先團這個名詞就是由此而來的。——作者

【7】威尼斯共和國成立於西元五世紀，一直存在到一七九七年，即盧梭的《社會契約論》發表之後三十五年，才在拿破崙領軍遠征義大利時被廢除；一八六六年威尼斯被併入義大利王國。——譯者

＊＊＊這項工作包括選票的監製、分發和查詢。——作者

第五章 論保民官制

當人們不能在國家的各個組成部分之間確定一個準確的比例時，或者，當一些不可消除的原因不斷改變著它們的比率時，人們便成立一個特別的行政機構。這個行政機構，在組織上與其他機構沒有聯繫；它能使比例的每個項都恢復正確的比率，而且在君主與人民之間或者在君主與主權者之間，甚至在必要的時候同時在這兩者之間形成一種聯繫，或者說是形成比例的中項。

這個機構，我稱它爲保民官制；它是法律和立法權的保護者。它的作用有時候像從前羅馬人民的保民官那樣保護主權者以對抗政府；有時候又像現在的威尼斯十人會議那樣支持政府以對抗人民；有時候又像斯巴達的監察委員會那樣保持一方與另一方之間的平衡。

保民官制不是城邦的一個組成部分，它沒有任何一點立法權或行政權，然而，正是由於這個緣故，它的權力才是最大的，因爲，它雖然不能做任何事情，但它能禁止一切事情。作爲法律的保護者，它比執行法律的君主和制定法律的主權者更爲神聖和更受尊敬。我們在羅馬可以很清楚地看出：那些驕傲的貴族是一貫看不起人民的，但他們在一個既無占卜權又無司法權的平凡的人民的官員面前不得不低下頭來。

保民官制如果運用得好，它將是一個良好的體制的最強有力的支柱，而它的力量只要稍微過多地用一點點，就會推翻一切；至於軟弱，這不是它的性質。只要在它的許可權範圍內，它是不會不做它該做的事情的。

保民官是行政權力的調節者。如果他篡奪行政權並直接行使他只能對之加以保護的法律的話，則保民官制就會變成暴君制。當斯巴達還保持其淳樸的風尚時，監察委員會的龐大權力雖未造成什麼危害，但它加快了已經開始的風氣敗壞的進程。被這些暴君殺害的阿基斯由他的繼承者替他報仇；監察委員會的罪行和它受到的懲罰，加快了共和國的覆亡，在克里奧門尼斯之後，斯巴達的國勢就一落千丈了。[1]羅馬也是經過同樣的歷程而覆亡的。被保民官一點一點地篡奪的過多權力，終於把本來是爲保護自由而制定的法律變成了皇帝[2]的盾牌，使他得以摧毀自由。至於威尼斯的十人委員會，那簡直是一個血腥的法庭，無論貴族或人民都對之感到十分害怕。它不但不努力保護法律，反而在它蛻化之後加緊在暗中一再破壞法律。

與政府一樣，保民官制由於其成員的增加反而會削弱它的活力。羅馬人民的保民官開始時只有兩人，後來增加爲五人，而且還想增加一倍。元老院也由他們去增加，認爲可以靠一些人去約束另一些人，讓他們彼此牽制；後來還眞的發生了這種情形。

爲了防止這一可怕的機構篡奪權力，最好的辦法（這個辦法迄今尚未被任何一個政府發現）是不讓它成爲一種常設機構，並規定它必須有各種停止其職權的間歇期。不過，這種間歇期不宜過長，以免使其他官員趁此期間濫用職權。因此，可以制定法律加以規定，以便在必要時由一個特別委員會加以縮短。

這種方法，在我看來並沒有什麼不便之處，因爲，正如我已經說過的，保民官制不是國家體制固有的部分，所以，即使取消它，也不會使國家的體制受到損害，所以我覺得這個辦法是確實可行的。因爲，一個新上任的行政官所接掌的不是他的前任的權力，而是法律賦予他的權力。

◆註釋◆

【1】阿基斯和克里奧門尼斯，西元前三世紀斯巴達的最後兩位國王。——譯者

【2】指凱撒，尤其是指奧古斯都（即屋大維）——譯者

第六章　論獨裁制[1]

法律的硬性規定，往往會妨礙法律可根據事情的實際情況而加以變通，因此在某些情況下，反而使法律成爲有害的，使國家在危急關頭遭到毀滅。辦事的程序和遲緩，都需要花許多時間；這有時候是局勢所不允許的。有千百種情況是立法者不可能事先全都預見到的，因此，我們最需要的，就是對我們缺乏這種不可能事事都能預見的本事要有自知之明。

所以，切不可使政治制度僵硬到使自己缺少那種讓法律暫時停止行使的權力。就連斯巴達也曾經使它的法律休眠過。

然而，只有在最危急的關頭，才可以冒這種變更公共秩序的危險。除了在國家存亡難定的時候，其他任何時候都是不允許終止法律的神聖權力的行使的。在這種罕有的關鍵時刻，爲了公眾的安全，可以透過一項特別的程序，把保衛公眾安全的重任交付給一個最值得信任的人。這一交付，可按危險的種類以兩種方式進行。

如果是爲了公眾的安全，只需加強政府的職能就夠了的話，就可以把政府的職能集中交給一個或兩個成員就可以了。這個辦法，並未改變法律的權威，而只是改變了法律的行使形式。如果危險的程度已經達到使法律的行使反而成了維護法律的障礙，這時候，就需要任命一個最高首領，讓他有權使一切法律都停止行使，並使主權權威也暫時停止。在這種情況下，公意是無可懷疑的，而且很顯然，人民首先要求的是國家不至於滅亡。採用這種方式，立法權雖暫時停止，但未被廢除。這位行政官雖有權暫時停止立法權，但他不能行使立法權；他可以控制它，但不能代表它。他什麼事情都可以做，唯獨不能立法。

第一種方法，羅馬元老院曾採用過；它頒發一道正式文書，把保衛共和國的安全的責任交給執政官。第二種方法，是由兩個執政官之一任命一個獨裁者*。這種做法是阿爾比在羅馬首開先例的。

在羅馬共和國建國之初，曾經常採用獨裁制，因爲那時候，國家還未穩固到單靠它的憲法的力量便足以自保的程度。那時候，由於羅馬人民的風尚使那些在其他時候十分需要的防範措施已經成爲多餘，所以人們既不擔心獨裁者會濫用他的權威，也不怕他在規定的任期之後還試圖繼續保有其權力。恰恰相反，這麼大的一種權威，在那個被授予這種權威的人看來似乎是一個負擔，還巴不得早日擺脫爲好，好像站在取代法律的地位上是一件非常辛苦又危險的工作似的。

因此，那時候，危險不在於濫用權力，而在於貶低權力。這一點，不能不使人認爲早期的羅馬人對這種最高的行政制度的使用是不夠審慎的，因爲，當他們把這種制度濫用於選舉、祭祀和純屬形式的事務的時候，就不能不令人擔心它在必要的時候不那麼令人對它感到敬畏，而且會使人們把那個只是在儀式上行使這種權威的人的頭銜看作是空頭銜。

在快到共和國末期的時候，羅馬人民變得比較愼重了。以前，稍微有一點理由就讓人行使獨裁權，而現在是：稍微有一點理由就不允許行使這種權力。我們很容易看出，他們的戒心是沒有根據的，因爲當時首都的力量很薄弱，這反倒使它在其內部的行政官面前有了安全。一個獨裁者在某些情況下能夠保衛公眾的自由，但他永遠不能侵犯公眾的自由。羅馬的枷鎖不是在羅馬城中打造的，而是在它的軍隊中打造的：馬留烏斯對蘇拉、龐培對凱撒，都沒有進行什麼抵抗。這就很清楚地表示：用內部的權威去抵抗外來的武力，是靠不住的。

這些謬誤，使羅馬人民犯了一個大錯誤，例如在卡提里那[2]案件中，他們就沒有任命一個獨裁者，因爲這件事情只事關羅馬城的內部，頂多也只是涉及義大利的某個省，只要使用法律授予獨裁者無限權力，就可以很容易消除陰謀，而這場陰謀最後之被阻止，乃是由於幾種幸運的意外事件的偶合；這種僥倖的偶合，是我們的審愼心永遠不應當期待的。

元老院不但沒有這樣做，反而把它的全部權力交給執政官，結果，西塞羅爲了能有效地行動，便在一個重大的問題上超越了他的許可權。不過，雖說開頭那一陣喜悅使人們贊同了他所做的事情，但後來人們要他對公民們違反法律的流血事件負責，那也是應當的，而對於一位獨裁者，人們就不能提出這種指摘了。然而，這位執政官的辯才戰勝了一切；他本人儘管是羅馬人，但他愛他的榮譽更勝於愛他的祖國，因此，他不千方百計地去尋求最合法而又最可靠的辦法去拯救國家，而是想方設法把處理這件事情的榮譽全都歸於自己**。所以，人們稱讚他爲羅馬的解放者，是有道理的；而同時又指摘他爲法律的破壞者，也是有根據的。無論對他的判決的撤銷是多麼光彩，但可以肯定的是，那實際上是一種赦免。

還需指出的是，無論這一重大的權力是以什麼方式授予的，都必須給它規定一個很短的期限，絕不能延長。在需要行使獨裁權的危急關頭，國家不是很快被摧毀，便是得到挽救，因此，當需要實行獨裁的危急時刻一過去，獨裁者不是變成暴君，就是變成一個無事可做的人。在羅馬，獨裁者的任期只有六個月；大多數的獨裁者都是在任期未滿之前就卸任的。如果任期規定得長的話，他們說不定還想再延長，例如十人會議就想把任期延長爲一年。獨裁者的時間只能用來應付需要選他當獨裁者的那種緊急情況，而不能用來試圖做其他的事情。

◆註釋◆

[1] 一提到「獨裁制」，經過第二次世界大戰的人們無不深惡痛絕。不過，盧梭在本章論述的獨裁制，與希特勒和墨索里尼之流的法西斯獨裁完全不同。盧梭所說的獨裁制，只是在國家危急時期任命一位獨裁者，負責維護國家的安全。獨裁者的任期很短，而且無制定法律的權力。危急時期一過，他的任務便告終止，應立即退任。——譯者

* 這種做法是在夜裡祕密進行的，好像是因為羞於讓人知道他把一個人置於法律之上似的。——作者

[2] 卡提里那（西元前一〇八—前六十二），羅馬貴族，因支持蘇拉，試圖暗殺執政官西塞羅，事情敗露後，被西塞羅派兵追殺於波士托里烏姆。——譯者

※ 在提名誰當獨裁者這件事情上，他是沒有十足把握的，因為，一方面他不敢提名自己，另一方面他也無法肯定他的同僚一定會提他。——作者

第七章 論監察官制【1】

公意的表達是透過法律來實現的，而公眾的判斷的表達，則是由監察官制來體現的。公眾的意見也形同法律，而監察官則是這種法律的執行者；不過，他只能按照君主的例子，把這種法律應用於個別的事件。

因此，監察官的法庭遠遠不是人民的意見的仲裁者；它只是人民意見的表達者。一當它背離了人民的意見，它的決定就是沒有根據的、無效的。

沒有必要把一個民族的風尚與他們尊崇的事物加以區別，因爲兩者都來自同一個本原，因此必然是混在一起的。在世界各國的民族中，決定他們的愛憎的，不是天性，而是輿論；只要善於引導輿論，他們的風尚就會自行純正。人們總是喜歡美好的事物，或者說，他們總是喜歡他們認爲是美好的事物，然而，正是在判斷什麼是美好的事物方面，人們的看法往往犯錯誤，因此對他們的看法需要加以引導。評論風尚的人，首先就要知道怎樣行爲才是光榮的；在評判什麼事情是光榮的時候，就必須以公眾的輿論作爲他的法則。

人民的意見是從他們的體制中產生的。法律雖然不能規範風尚，但立法可以使風尚得以形成。立法工作一薄弱，則風尚必然敗壞。這時候，監察官的判斷也就不能發揮法律的力量所無法發揮的作用了。

由此可見，監察官制在維繫風尚方面是有用的，但它不能樹立風尚。在法律的力量鼎盛的時候可以設立監察官，而一旦法律失去了它的力量，一切全都沒有希望了：當法律不再有力量的時候，即使是合法的事情也是行不通的。

監察官在維護風尚方面採取的辦法是：防止公眾的輿論向壞的方向發展，以賢明的措施保障輿論的正確性，甚至有時候在它們尚不明朗之前就把它們發展的方向確定下來。決鬥時帶副手，這早已成爲習慣，在法蘭西王國十分風行；然而這一習慣，國王在一道詔書中只短短說了一句「至於那些怯懦到需要帶副手的人，」就把它廢除了。這道詔書搶在公眾的意見尚不明朗之前發布，所以一下就決定了公眾的意見。然而，當同樣是國王發布的詔書說決鬥也是一種怯懦的行爲時，雖然說得很正確，但違反了一般人的意見，因此受到大家的嘲笑，因爲他們對這件事情早已有他們的看法了。

我曾經在別處說過，*公眾的輿論是不能壓制的，所以在爲代表公眾的輿論而設立的監察官制中，不能採取任何一丁點壓制的辦法。監察官制（在現代國家中早已消失了）在羅馬運用之妙，人們無論怎麼稱讚都不爲過，而拉西第蒙人[2]甚至還運用得更好呢！

有一個品行不端的人向斯巴達的議會提了一個好建議，但監察官們對他置之不理，並轉而把他的建議交給一個品行良好的公民提出來，這對後者是多麼大的榮譽，對前者是多麼大的羞辱啊！儘管監察官對這兩個人中的任何一個人都既不稱讚也不譴責。在薩摩島，有幾個醉漢[3]到監察官的辦公室胡鬧了一陣，第二天監察官就發布公告允許薩摩島人都可當無賴。像這樣不懲罰他們，反而比眞正懲罰他們還嚴厲呢！斯巴達是指名道姓地宣布某人誠實或不誠實，而希臘人是不贊成他們這種做法的。

◆註釋◆

[1] 盧梭在本章立論的角度，與前面三章大不相同。在第四、五、六章，他是從歷史的角度來論述羅馬的人民大會、保民官制和獨裁制的。而在本章，則是從道德風尚的角度來論述監察官制。盧梭對一個國家的道德風尚特別重視；他在第二卷第十二章曾批評「我們的政論家」對風尚、習俗，尤其是輿論，在政治生活中所產生的作用缺乏認識。現在在本章借論述監察官制的機會，再次談論這個問題。——譯者

* 我在本章中只略略提到我在《致達朗貝爾先生的信》中談得更詳細的論點。——作者

[2] 拉西第蒙人，即斯巴達人。——譯者

[3] 在一七八二年版的本子中加了這樣一段話：「這幾個醉漢是另外一個島（席奧島）的人。由於我們語言的細膩，所以在這裡不便把他的名字說出來。」——譯者

第八章 論公民的宗教信仰[1]

人類起初是沒有任何國王而只有神的；他們沒有什麼政府，而只信奉神的權威[2]。他們採納了卡里古拉的推論[3]，因此他們那時候的做法是正確的。需要經過很長時間的感情和思想上的變化之後，人們才最後決定推選一個人做他們的主人，而且還深自慶幸找到了這麼一個人。

每一個政治社會都供奉有一個神，因此，有多少個民族，就有多少個神。兩個彼此不同而且幾乎經常互相敵對的民族，是不可能長時間尊奉同一個主人的；兩支互相攻打的軍隊，也是不可能服從同一個首領的。這樣，從民族的區分中便產生了多神的現象，並從而產生了神學上和政治上的不寬容。其實這兩種不寬容是完全相同的；這一點，我們以後還要談到。

希臘人有一種很奇怪的做法：他們總是到野蠻民族中去尋找他們自己的神；他們之所以這樣做，是由於他們把自己視爲是那些野蠻民族的天然的主人。可是在今天，我們卻有人引經據典地說什麼各個不同的民族的神原本是同一個神，認爲莫洛克、薩土林和克羅諾[4]是同一個神；認爲腓尼基人的巴爾、希臘人的宙斯和拉丁人的朱庇特也是同一個神：似乎這些虛幻的神明，雖然名字不同，但有某些共同之處。如果硬是這麼說的話，那就太可笑了。

如果有人問我：在每個國家都有它自己的宗教信仰和神祇的異教時代[5]，爲什麼沒有發生過宗教戰爭呢？我的回答是：正是由於每個國家都有它的宗教信仰和它的政府，所以它才不把它的神和法律區分開。其實，政治戰爭就是宗教戰爭；神的殿堂可以說是由國家的疆界確定的，一個民族的神沒有權利去管其他民族。異教徒的神並不是彼此嫉妒的神，他們在他們之間劃分了世界：摩西本人和希伯來人有時候在談到以色列的神時，都有這種看法。是的，他們認爲迦南人的神是虛無的；被流放的迦南人是註定要滅亡的，迦南人的土地必將由他們去占領。但是，請看他們在談到他們絕不去攻打的鄰國的神的時候，卻是這麼說的：「一切屬於你們的基抹神所有的，」耶弗他對亞捫人說道：「難道不是合法地屬於你們嗎？我們也有同樣的資格占領我們的神所征服的土地。」*我認爲，這顯示他們完全承認基抹神的權利和以色列的神的權利是平等的。

但是，猶太人（他們先臣服於巴比倫的國王，後來又臣服於敘利亞的國王）卻一直只承認他們自己的神而堅決不承認其他民族的神。這種抗拒態度，被認爲是在反叛征服者，因而遭到了他們史書中所記載的種種迫害。他們遭到的迫害，在基督教出現之前，還從來沒有見過。**

由於每一種宗教都獨一無二地依附於信奉這種宗教的國家所頒布的法律，因此，除了把一個民族降爲奴隸以外，便沒有其他辦法使之皈依；除了征服者以外，便沒有其他的傳教士。由於改變宗教信仰是被征服者必須按照法律履行的義務，所以，在談到改變宗教信仰以前，就必須先征服他們。可見，不是人在爲神而作戰，反倒是像荷馬所說的，是神爲人而作戰。交戰的每一方都向自己的神祈求勝利；得勝之後便爲神修建新的祭壇。羅馬人在攻占一個地方之前，先要勒令該地的神退位。他們之所以把塔倫土姆人的憤怒的神留給塔倫土姆人，是因爲他們認爲塔倫土姆人的神已經臣服於羅馬人的神了，並向羅馬人的神行過臣服禮了。羅馬人把自己的神留給被征服者，就與他們把自己的法律留給被征服者是一樣的。他們索取的唯一貢品，通常只是向羅馬的卡皮托利山【6】上的朱庇特奉獻一頂神冠。

終於，羅馬人在擴張他們帝國的同時，也把他們的宗教信仰和他們的神擴散到了其他民族。此外，他們還往往採用被征服者的宗教崇拜儀式和敬拜被征服者的神，並對這兩者都給予城邦的權利。如此，這個龐大的帝國的人民在不知不覺中便有了多種宗教信仰和多種神，而且幾乎到處都是一樣的。這就是爲什麼在當時已知的世界中到處都是各種宗教並存的原因。

正是在這種情況下，耶穌來到地上建立了一個精神王國，從而把神學制度和政治制度區分開，使國家不再是一元的，在國家的內部造成使基督教人民一直動盪不寧的分裂。不過，這樣一種關於另外一個世界的新的觀念，從來沒有被異教徒在思想上接受；他們一直把基督徒視爲是眞正的叛逆者，認爲他們表面上順從，實際上總是在尋找時機謀求獨立，讓自己當主人，並巧妙地篡奪他們假裝溫順地敬重的權威；這就是基督徒一再遭受迫害的原因。

異教徒所害怕的事情終於發生了。這時候，一切都改變了面貌：謙卑的基督徒改變了他們的語言。人們很快就發現：這個所謂的另一個世界的王國，在一個可以看得見的首領【7】的統治下，變成了這個世界上最凶暴的專制主義。【8】

然而，由於一個國家只能有一個君主和一種國家的法律，因此，從這種雙重權威【9】下便產生了一種法理上的永恆的衝突，從而使基督教國家不可能有良好的政體，使人們弄不清楚究竟是應當服從主人還是服從教士。

有好幾個國家的人民，甚至就是歐洲和鄰近歐洲的國家的人民，都曾經想保存或恢復他們古代的制度，但沒有成功。基督教的精神到處占上風；神聖的宗教崇拜從此一直是，或者說又變成了一種不聽命於主權者的活動，並且和國家政治體沒有任何必要的聯繫。穆罕默德的眼光看得很深遠：他把他的政治體系組織得很好，而且，當他的政府形式在他的歷次繼承者哈里發統治下繼續存在的時候，這個政府一直是一元的。它之所以好，就好在這一點。然而，阿拉伯人後來變得興旺了、開化了、文明了、怯懦了，結果被野蠻人所征服。這時候，兩種權力之間又重新開始分裂，儘管這種分裂在回教徒中間不如在基督徒中間那麼明顯，但一直是存在的，尤其是在阿里那一派裡，而且在某些國家裡，例如在波斯，至今還可以很明顯地被人們看出來。

在我們歐洲，英國國王已經自封爲教會的領袖，沙皇也照此辦理了。不過，一採用了這個頭銜，他們與教會的關係就會變得與其說是教會的主人，還不如說是教會的大臣；他們所得到的，與其說是改革教會的權利，還不如說是維護教會的權力。他們不是教會的立法者，而只不過是教會的君主。凡是在教士形成一個共同體的地方，***則教士就會成爲自己的教區的主人和立法者。因此，在英國和俄國，也與其他地方一樣，有兩種權力和兩個主權者。

在所有基督教的著述家中，只有哲學家霍布斯很清楚地看出了這一弊端，並提出了補救的辦法。[10]他很大膽地建議把鷹的兩個頭[11]合併在一起，重新建立政治的統一，因爲沒有政治的統一，則無論是國家還是政府都不可能很好地組建。不過，他也應當看到，基督教的主導精神是與他提出的辦法不相容的；教士的利益始終高於國家的利益。在霍布斯的政治理論中，使他遭到人們憎恨的，不是他那些可怕的錯誤論點，而是其中正確的和眞實的見解。****

我認爲，根據以上陳述的歷史事實，我們就可以很容易地駁斥貝爾[12]和華伯登兩人互相對立的看法：前者說沒有任何一個宗教對政治體是有用的，反之，後者說基督教是政治體的最強有力的支持。對於前者，我要反駁說：沒有任何一個國家的建立不是以宗教爲基礎的；對後者，我要告訴他：基督教的法律歸根結底對於一個國家的良好體制是有害而無益的。爲了使人們了解我的觀點，只需對那些與我的主題有關的含糊不清的宗教觀念稍加說明就夠了。

宗教，從它與社會的關係來看，無論是從它與普遍的社會還是從它與特殊的社會[13]的關係來看，可以分爲兩種，即人類的宗教和公民的宗教。前一種宗教沒有廟宇，沒有祭壇，沒有敬拜儀式，只有對最高的上帝的純潔的內心崇拜和履行道德的永恆的義務；這種宗教，是《福音書》中所說的純潔而樸素的宗教，是眞正的有神論，我們可以稱它爲自然的神聖權利。後一種宗教，是某一個國家明文規定的宗教。這種宗教有它的神，有它特殊的守護神，有它的教條、禮儀和由法律規定的外在的敬拜形式；除了信奉這種宗教的國家以外，其他一切國家，在它看來都是不敬神的，都是化外的和野蠻的。它把它的義務和權利只限於它的祭壇的範圍；早期的各國民族的宗教就是如此。我們可以稱它爲公民的或積極的神聖權利。

還有很奇怪的第三種宗教。這種宗教給人以兩種立法、兩個首領、兩個祖國，使人們負有幾種互相矛盾的義務，不允許人可以同時既做虔誠的信徒又做公民。喇嘛教就是如此，日本人的宗教就是如此，羅馬的基督教也是如此。我們可以稱這種宗教爲僧侶的宗教；由此便產生了一種無以名之的混合的和反社會的權利。

從政治上來觀察這三種宗教，這三種宗教都各有其缺點。第三種宗教是如此之壞，以致，若對它加以論述的話，那簡直是浪費時間。一切破壞社會統一的，都是不值一談的；凡是使人陷入自相矛盾的制度，都是不屑一顧的。

第二種宗教的好處，在於它把對神的崇拜和對法律的尊重結合在一起，從而把祖國變成公民們熱愛的對象。它教導公民：效忠國家，就是效忠於國家的守護神。這是一種神權政體。在這種政體下，有了君主，就不需要有教主；有了行政官，就不需要任何教士。爲祖國而死，就是爲殉教而死；破壞法律，就是褻瀆神明。把一個有罪的人交給公眾去詛咒，就是交給神去懲罰；讓他去受地獄的神的懲罰。

第二種宗教的壞處在於，它是建立在謬誤與謊言的基礎上的，因此它要愚弄人民，使人變得輕信、迷信，把對神靈的眞心敬拜變成一種空有其名的儀式。更糟糕的是，當它變成排他的和行事專橫的時候，它使一個國家的人民各個都變成嗜血的和不容異己的，動不動就大肆屠殺，甚至把屠殺那些不信它的神的人說成是什麼神聖行爲。這種做法，就使一個國家的人民經常處於對其他民族的天然的戰爭狀態；這對它自身的安全也是有害的。

於是，剩下來的就只有人類的宗教，也就是基督教了。不過，不是今天的基督教，而是

《福音書》上所說的基督教，它和今天的基督教是完全不同的。由於有了這種神聖的、崇高的和眞正的宗教，作爲同一個上帝的兒女的人類才互相認爲是弟兄；把人類結合在一起的這個社會才至死也不會解體。

不過，這種宗教和政治體沒有任何特殊的關係，因此它只能讓法律依靠其本身的力量，而不能給法律增加任何其他的力量，因此，特殊的社會的大紐帶之一[14]便無法發揮它的作用。不僅如此，它不但不使公民們心向國家，反而使公民們的心像遠離世上的一切事物那樣遠離國家。我認爲，再也沒有什麼比這更違背社會精神了。

有人告訴我們說，一個眞正的基督教民族可以構成人們可能想像的那種最完美的社會。我認爲這個假設很難成立，因爲，既然是眞正的基督教社會，那就不成其爲人類的社會了。

我甚至可以說，這個假想的社會儘管是十全十美的，但它卻沒有強大的力量，也不可能持久。由於它是十全十美的，所以它缺乏聯繫力；它那毀滅性的缺陷，就存在在它的十全十美之中。

每一個人都恪盡自己的職責，人人都服從法律，首領們各個都公正和謙遜；官員們全都很清廉，士兵們不怕死，整個社會沒有虛榮和奢侈之風；這一切都很好，不過，請把眼光往深處看吧！

基督教是一種純精神的宗教，它唯一關心的是天上的事物：基督徒的祖國不在這個世界上。是的，基督徒是恪盡職責的，但他在盡職責的時候，卻從來不考慮他做的事情是否會成功。

只要他覺得自己是無可指摘的，則世上的事情是好還是壞，都與他無關。即使國家繁榮了，他也不怎麼敢分享公眾的幸福，他甚至怕自己會因國家的興盛而驕傲；如果國家衰弱了，他也會祝福上帝那隻壓在他的同胞身上的手。

爲了使社會能保持安寧與和諧，就必須所有的公民無一例外的都是善良的基督徒。不過，萬一不幸在他們當中出現了一個野心家，出現了一個僞君子，例如一個卡提里那或克倫威爾，則這個人肯定會在他的虔誠的同胞中大耍花招。基督教的仁愛心是不允許對鄰人抱有什麼壞的看法的。結果讓這個人鑽了漏洞，找到了欺騙世人的辦法，並奪取了一部分公共權力，儼然成了一個尊貴的人；可見這是上帝要求人們尊敬他。如果他行使權威，這是因爲上帝要求人們服從他。萬一這個權力的受託者濫用權力呢？那他就是上帝用來抽打自己兒女的鞭子。如果人們要驅逐這個篡權者，那就會擾亂公眾的安寧。如果用暴力，那就會傷人性命。這一切都是不符合基督徒的溫良之心的。總之，在這個充滿了苦難的深淵裡，是自由還是受奴役，這有什麼關係呢？重要的是上升到天國，而聽天由命只不過是達到這個目的的另一種方法而已。

如果發生了對外戰爭呢？公民們都將毫不遲疑地去打仗，誰也不會逃跑。他們盡他們的職責，但對於是否能取得勝利，卻缺乏熱情。他們關心的是如何戰死沙場，而不是如何戰勝敵人。他們認爲，是戰勝者還是戰敗者，這有什麼關係呢？他們應當做些什麼事，上天不是比他們更清楚嗎？請大家想一想，一個驕傲而又凶暴和充滿鬥志的敵人，將從基督徒的這種斯多葛主義[15]中得到多麼大的好處啊！如果基督徒與那些熱愛榮譽與祖國的民族發生衝突，如果你們的基督教的共和國與斯巴達或羅馬發生戰爭，也許虔誠的基督徒還沒有來得及弄清楚自己所處的方位，就已經被對方打得落花流水，一敗塗地了；即使有可能得到保全，那也是由於他們的敵人認爲他們不堪一擊而饒了他們。我認爲，法比烏斯[16]手下的士兵們的誓言是一個很豪邁的誓言：他們不誓言戰死沙場或一定要打敗敵人，而是誓言一定要凱旋而歸；他們眞的實現了他們的誓言。基督徒就從來沒有發過這樣的誓言；他們也許以爲這樣發誓是在試探上帝。[17]

其實，我說「基督教的共和國」，這個話是說得不對的，因爲「基督教」與「共和國」這兩個詞是互相排斥的。基督教只宣揚奴役與依附，它的精神太有利於暴君制了，所以不可能不讓暴君加以利用。眞正的基督徒生來就是奴隸；這一點，他們自己雖然知道，但卻無動於衷。人的短暫的生命，在他們看來是沒有什麼價值的。

有些人說：基督教的軍隊是很出色的。這一點，我不贊同；請告訴我，他們在什麼地方表現得很出色？至於我，我從來就沒有見到過什麼基督教的軍隊。人們以十字軍爲例。我對十字軍的英勇表現不發表什麼不同的意見，但我要指出：十字軍並不是基督教的軍隊，他們乃是教士的士兵，是教會的公民，他們是在爲他們的精神王國作戰。不過，這個精神王國，不知道他們怎麼一下子就把它變成世俗國家了。請注意：他們實際上是在爲異教作戰，因爲《福音書》從來就沒有建立過什麼國家的宗教，所以，一切「聖戰」都不可能在基督徒中進行。

在異教皇帝[18]的率領下，基督徒士兵是很勇敢的；所有的基督教作家都證實了這一點。這，我也相信。不過，他們的表現只不過是爲了與異教的士兵爭榮譽而已。在皇帝成爲基督徒[19]以後，這種競爭心就沒有了。十字架把鷹趕走以後[20]，羅馬人的英勇氣概全都消失了。

現在讓我們把政治問題放在一邊不談，回過頭來談權利問題；讓我們把有關這個問題的道理闡述清楚。社會公約賦予主權者統治其臣民的權利，正如我已經說過的，[21]是不能超過公眾利益的界限的。*****臣民只有在他們的意見涉及共同體的時候，他們才應當遵從主權者。然而，對國家來說，重要的是，必須每個公民都信奉一種宗教，才能使他熱愛他的天職。不過，這種宗教的信條只是在它們涉及道德和涉及信奉該宗教的人必須盡他對他人的義務時，才與國家和國家的成員有關。除此以外，每個人喜歡抱什麼看法，就可以抱什麼看法，主權者無須過問，因爲主權者沒有主管另一個世界的職責，所以，只要臣民們今生是好公民，他們來生的命運如何，這就不是他應該管的事情了。

因此，應當頒布一個純屬公民信仰的宣言，由主權者規定其條款，不過，這種條款不可規定得像宗教的教條，而要著重表述社會性的感情，因爲沒有這種感情，就既不可能做好公民，也不可能做忠實的臣民。*****國家雖然不能強迫任何人信奉宣言中的條款，但它可以把不信奉它們的人驅逐出境。驅逐的理由不是因爲他不相信宗教，而是因爲他是反社會的，是不眞心愛法律和正義的，是不可能在必要時爲盡他的義務而犧牲自己的生命的。如果一個人在公開承認這些條款之後，在爲人處事方面又表現得好像不相信的話，就應當把他處死，因爲他犯了一切罪惡之中的最大的罪惡：他在法律面前撒了謊。

公民應當遵奉的宗教信仰的條款必須簡單，條數要少，措辭要精確，而且不加任何解說和注釋。全能的、睿智的、仁慈的、先知而又聖明的上帝是存在的，每個人都有來生，正義的人得福，惡人必受懲罰，社會契約和法律是神聖的。正面的條款就是這麼幾條；至於反面的條款，我認爲只應當有這麼一條，那就是：不寬容；這一條，早已列入我們所駁斥的那些宗教信條裡了。

有些人[22]說政治上的不寬容和宗教上的不寬容是有區別的。我認爲他們的這種說法是錯誤的，因爲這兩種不寬容是分不開的。想與我們認爲應當下地獄的人和平共處，那是不可能的；愛他們，就等於是恨那個對他們施加懲罰的上帝。必須絕對地要麼挽救他們，否則就懲罰他們。哪裡容許神學上的不寬容，它就不能不在政治上產生影響。*******它一產生了影響，則主權者就不再是主權者，甚至在任何世俗事務方面都不能行使主權了；從此，教士就成了眞正的主人，而國王只不過是他們的官員而已。

現在已經沒有而且也不可能有排他性的國家宗教了，因此，我們應當寬容所有那些寬容其他宗教的宗教。只要它們的教義與公民的義務不相違背。現在，無論何人，只要他敢說：「除加入本教以外，便別無得救之路。」[24]就應當把這個人逐出國外，除非國家就是教會，君主就是教主。這樣一種教義，只有在神權政府之下才是好的，而在其他政府之下，便是有害的。亨利四世信奉羅馬教的那種理由，將使一切正直的人們脫離羅馬教，尤其是善於推理的君主。[25]

◆註釋◆

【1】盧梭在第二卷第七章《論立法者》的末尾談到了宗教問題。他的看法是：「在國家始建之時，宗教是用來達到政治目的的工具。」宗教信仰問題，在盧梭所處的時代是一件大事，無論男女老幼和貧富貴賤都會遇到。嬰兒呱呱墜地之後，要由教士給他施洗禮；人去世了，要由教士行完宗教儀式之後，才能入土安葬。虔誠的人們相信：人的一生要經歷兩個世界，即地上的物質世界和天上的精神世界。前者雖美好，但充滿了苦難，紛紛擾擾，鮮有寧日；而後者是純潔的，只有進入天國才能獲得永生。這樣一個關係到人的一生和來世的命運問題，盧梭在他的《社會契約論》中不能不涉及。關於盧梭的宗教觀和神學見解，請參見他在他的《愛彌兒》中插入的那一大段可以獨立成篇的文字：《一個薩瓦省的牧師的信仰自白》。（盧梭：《愛彌兒》，李平漚譯，商務印書館，二〇〇七年版，下卷，第三七七—四五七頁）——譯者

【2】即：超自然的力量。——譯者

【3】見本書第一卷第二章。——譯者

【4】莫洛克，古迦太基人的神；薩土林，古羅馬人的農神；克羅諾，古希臘人的農神。——譯者

【5】異教時代，指基督教以前的多神教時代。——譯者

＊ 拉丁文《聖經》的原文是：**Nonne ea quae possidet Chamos deus tuus tibi jure debentur?**嘉里埃神父把這句話譯作：「你們難道不認為你們有權利占有屬於你們的基抹神所有的東西嗎？」我不知道希伯來文原文的語氣如何，但我認為，按拉丁文《聖經》的原文看，耶弗他是正式承認了基抹神的權利的；但是，法文的譯者卻使用了「在你們看來」（selon vous）五個字，這就減弱了「承認」二字的語氣；而「在你們看

來」五個字，在拉丁文原文中是沒有的。——作者

⁑很顯然，那場福西人的戰爭雖然被稱為「聖戰」，但它絕不是宗教戰爭，因為那場戰爭的目的是懲罰那些褻瀆神靈的人，而不是鎮壓不信教者。——作者

【6】卡皮托利山，古羅馬城西郊的一座小山，天神朱庇特的神殿所在地。——譯者

【7】指教皇。——譯者

【8】在這一點上，盧梭的看法和孟德斯鳩的看法是一致的。孟德斯鳩說：「兩個世紀以前，當基督教不幸分裂為天主教和新教的時候，北方的民族皈依了新教，而南方的民族則仍然信奉天主教。這種分化的產生，是由於北方的民族現在具有而且將永遠具有一種獨立和自由的精神，這種精神是南方的民族沒有的。可見，一個沒有可以看得見首領的宗教，比有一個可以看得見首領的宗教，更適合於產生在那種風土上的獨立精神。」（孟德斯鳩：《論法的精神》，第五卷，第二十四章）——譯者

【9】雙重權威，指政權和教權。——譯者

⁑必須著重指出，把教士們結合成一個共同體的，不是像在法國的那種形式上的集合，而是教會的領聖餐。領聖餐和被逐出教會，就是教士們的社會公約。有了這個公約，教士便永遠是人民和國家的主人。所有在一起領聖餐的教士都是同胞公民，即使他們是來自地球上的兩極。這一發明是政治上的一項傑作。在異教徒的教士們那裡沒有類似這樣的做法，所以他們不能形成一個教士共同體。——作者

【10】參見霍布斯在《利維坦》第三卷中對紅衣主教貝拉曼在《論教皇對世俗事務的權威》（一六一〇）中提出的論點所作的批評。霍布斯認為：國家的首領皈依基督教以後，便應掌握宗教權威。——譯者

【11】鷹是古羅馬軍隊的軍旗上的旗徽；此處「鷹的兩個頭」指政權和教權。——譯者

※從格勞秀斯一六四三年四月十一日給他兄弟寫的一封信中就可看出這位學者對《公民論》中的哪些論點表示贊成和對哪些論點表示譴責了。的確，格勞秀斯很有氣度，他好像是因為贊成霍布斯的錯誤的論點，才假裝原諒了霍布斯的正確見解。但並不是所有的人都是像他那樣寬厚的。——作者

【12】貝爾（一六四六—一七〇三），法國哲學家，著有《歷史與批評詞典》（一六九七）。——譯者

【13】句中的「普遍的社會」，即盧梭在他的《社會契約論》初稿第一卷第二章標題所說的「人類的普遍社會」；「特殊的社會」，即「政治社會」。——譯者

【14】「特殊的社會」指政治社會；「大紐帶之一」指宗教。——譯者

【15】斯多葛主義，曾一度流行於古希臘的宣揚苦行和宿命的哲學思想。——譯者

【16】法比烏斯（西元前二七五—前二〇三），古羅馬政治家和軍事家，曾領兵擊退迦太基名將漢尼拔向羅馬的進攻。——譯者

【17】「試探上帝」，基督教的教義認為，試探上帝是一大罪惡：「你們不可試探耶和華你們的上帝。」（《聖約·舊約全書·申命記》，第六章，第十六節）「經上說，不可試探主你的上帝。」（《聖經·新約全書·路加福音》，第四章，第十二節）——譯者

【18】指羅馬帝國的皇帝。——譯者

【19】指羅馬皇帝康士坦丁大帝（三〇六—三三七）皈依基督教。——譯者

【20】「十字架」是基督教的標誌，「鷹」是羅馬軍隊軍旗上的旗徽；「十字架把鷹趕走」意即基督教取代其他

宗教成為羅馬帝國的國教。——譯者

【21】見本書第二卷第四章。——譯者

****達讓松侯爵說：「在共和國裡，每個人只要行事不損害他人，就是完全自由的。」這句話闡明了一條不可改變的界限。誰也不能比這句話表達得更確切了。儘管達讓松的著作不大為公眾所知，但我還是有時候喜歡引用他書中的話，以表示對這個可敬的著名人物的敬意。他在擔任大臣期間始終保持著一個真正的公民的心，並時時對他的國家的政府發表正確的見解。——作者

*****凱撒在為卡提里那辯護時，曾力圖確立一種靈魂終將滅亡的信條。卡圖和西塞羅為了駁斥凱撒，根本就不和他講什麼哲理，而是直截了當地指出：凱撒是一個壞公民才發表這番言論和有害國家的主張。的確，卡提里那的問題應當由羅馬元老院來裁定，因為它不是一個神學問題。——作者

【22】指狄德羅。狄德羅在《百科全書》中寫了一條《不寬容》，認為：「不寬容有兩種：教士的不寬容和公民的不寬容，這兩種不寬容是有區別的。」——譯者

******以婚姻為例。婚姻是一項公民的契約行為，是具有政治效力的；沒有這種效力，社會就不可能繼續存在。如果一個教士把認可這一行為的權利抓在他一個人的手裡（在一切不寬容的宗教裡，教士是必然會篡取這一權利的），很顯然，他就會在這件事情上利用教會的權威使君主的權威徒具虛名。教士願意讓君主有多少臣民，君主才能有多少臣民。是否允許一個人結婚，全由教士作主；由他根據那個人信不信這樣或那樣的教義，看他是採取或不採取這樣或那樣的儀式，看他對教士是不是虔誠，看他是不是行事謹慎和信仰堅定，然後才裁定他是否能結婚。這樣一來，教士豈不是把人們的財產繼承、子女的養育和公民的人

身，甚至國家本身，全都掌握在他一個人手裡了嗎？若一個國家全是一些對教士唯命是從的人，這個國家還能繼續存在嗎？有人說，這只能算作是教士們濫用權利，我們可以中止或停止甚至取消他們的世俗權力。說得多麼容易啊！一個教士只要稍微有一點頭腦（我的意思不是說他只要稍微有一點勇氣），他就會不管人家怎麼說，而依然自行其是的；他毫不在乎人們說什麼中止、停止或取消他的權力，因為到頭來終歸還是由他做主人。我覺得，當教士們確信他們最終能掌握一切的時候，即使現在放棄一部分權力，也算不上是什麼重大的犧牲。[23]——作者

【23】這條註腳，在《社會契約論》一七六二年開始印刷時，盧梭曾通知書商雷伊刪去。——譯者

【24】這句話，是天主教神父泰爾居里安（一五五—二二二）說的，充分反映了羅馬天主教的不寬容。——譯者

【25】據說，法王亨利四世（一五五三—一六一〇）有一次召集基督教新舊兩方的神職人員在一起開會，會議上，一個新教的教士說：信奉舊教也可以得救，而舊教的教士則堅持認為只有信奉舊教才可以得救。於是亨利四世便對那位新教的教士說：按照你的說法，無論是信奉新教或舊教都可以得救，而按照他的說法是只有信奉舊教才能得救，信奉你們新教就不能得救，既然如此，為穩妥起見，我只好信奉他的宗教了。於是，一五九三年亨利四世便正式棄絕新教，改宗羅馬天主教。——譯者

第九章 結語

把政治權利的眞正原理詳加闡明，並力圖使國家建立在它的基礎之上以後，本該繼續闡述如何透過它的對外關係來支持它；這就包括國際法、通商、戰爭的權利和征服、公法、結盟、談判與締結條約等等。不過，這一切都屬於另外一個範圍過於廣泛的新的課題，是我有限的能力難以探討的；我要始終把我所探討的問題限制在我的能力之所及。

附錄一　社會契約論（初稿本）

第一卷　第二章　論人類的普遍社會[1]

讓我們首先探討政治制度的必要性是何以產生的。

人的力量，與他的自然需要和他的原始狀態是如此地恰成比例，以致只要這種狀態稍有變化、只要他的自然需要稍有增加，就需要他的同類來說明，而當他的欲望最後發展到企圖擁有整個大自然的時候，即使全人類都合力來幫助他，那也很難滿足他的欲望。正是那些使我們成爲惡人的原因，也使我們成了奴隸，使我們愈來愈墮落、愈來愈邪惡。我們之所以感到自己的力量微弱，其原因，更多地是來自我們的貪心，而不是來自我們的天性。我們的需要使我們彼此互相接近，而我們的貪欲卻使我們互相分離；我們愈是成爲我們同類的敵人，反而使我們更加覺得不能沒有我們的同類。普遍社會的原始紐帶就是如此；它是普遍的仁愛之心的基礎。然而，儘管大家都認識到了這種仁愛之心的必要性，而這一必要性卻反而扼殺了我們的感情。大家都希望得到仁愛之心結的果實，可是每一個人都不願意去培育它：天性的一致性[2]，在這一點上其作用爲零，因爲，對人類來說，這既是引起他們爭吵的原因，同時也是使他們相結合的原因；既使他們經常彼此競爭和互相嫉妒，同時也使他們互相理解和互相協作。

從事物的這個新秩序中產生了許許多多既難以估量又沒有規則而且也不穩定的關係。人們經常在不斷地破壞和改變這些關係；想破壞它們的人有一百個，而想固定它們的人卻只有一個。由於一個人在自然狀態下的相對的存在有賴於許多變化莫測的其他關係，因此，這個人不可能保證他在一生當中有兩個時刻是完全相同的。對他來說，寧靜和幸福都只不過是彈指即過的事；除了從這一切變化無常的境況中產生的苦難是永恆的以外，其他一切都不可能永久常存。即使他的感情和思想能上升到愛秩序和愛美德的程度，他也不可能在無法分辨善與惡和好人與壞人的狀況下準確可靠地運用他的爲人的原則。

所以，像我們這種由於互相需要而產生的普遍社會，對苦難的人們是根本不可能提供有效的援助的；它只能對那些已經有過多力量的人增添新的力量。而遭到忽視和欺壓的廣大弱者，既找不到安身之處，也沒有誰對他們伸出援手，最後只好淪爲他們以爲可以從中得到幸福的虛假的結合[3]的犧牲品。

﹝如果人們在那些使人與人之間透過自願的聯繫而結合的動機中發現沒有任何東西是與團結有關的，不僅沒有一個共同幸福的目標，使每一個人從中得到他的幸福，反而是一個人得福就會使另一個人受苦；如果人們發現大家之所以互相接近，並不是爲了共同的福祉，而是貌合神離，各存異心；那麼人們就會感到，即使這樣一種狀態能繼續存在，那它也只能成爲人類罪惡與苦難的淵藪：每個人都只顧他自己的利益，都只按他自己的想法行事，都只爲滿足他自己的欲望而奔波。」【4】

因此，天性柔和的聲音已不再是我們永不出錯的嚮導；我們得自大自然的獨立不羈的生活，也不再是我們一心嚮往的狀態。寧靜和天眞，在我們還沒有領略到它們的美好之前就永遠離我們而去。對於黃金時代的幸福生活，遠古時期的愚昧的人們感覺不到，而後來的開化的人們又錯過了它；因此，這種生活對人類來說，永遠是一個陌生的狀態：在人類本可盡情享受的時候，不認識它，而在能認識的時候，卻失去了它。

情況還不僅如此。這種完全的獨立狀態和這種無羈無絆的自由，儘管與遠古的天眞狀態依然聯繫在一起，但最終竟成了一大壞事，不利於我們優秀才能的發展，不可能構成整體各部分之間的聯繫。儘管地球上到處都有人，但在他們之間幾乎沒有任何交往。我們在某些點上互相接觸，但在任何一點上都不互相結合，每個人在人群中依然是孤立的。每個人都只想到他自己，我們的智慧得不到發展；我們活著，但領略不到生活的樂趣；我們還沒有眞正生活過就離開了人間。只要我們對我們的苦難麻木不仁，毫不知曉，就算是幸福了。我們的心中沒有善，我們的行爲中沒有道德。我們永遠認識不到，心靈的美就美在對道德的熱愛。

〔的確，「人類」這個詞，在人們的頭腦裡，只不過指的是一個群體，而不意味著組成這個群體的個人與個人之間有任何眞正的結合。如果我們願意的話，還可以補充這樣一個假設：讓我們把人類想像成一個具有共同生存意識的道德人格，從而賦予它獨有的特徵，使之成爲一個整體，並擁有無所不能的動力，使每一個部件都爲了與全體有關的目的而運轉。假定這個共同的意識就是人所共有的感情，自然的法則就是這部機器的活動原理，那麼讓我們來觀察人和他的同類所處的這種體制所產生的結果。我們發現，實際的情況與我們的想像完全相反：社會的進步助長了個人的利益，從而窒息了人的同情心；自然的法則（最好是稱之爲理性的法則）的觀念只有在欲望事先的發展使它的原則全都無用的時候才開始逐漸形成。由此可見，由大自然所制定的這種所謂的社會條約，是一個十足的徒有其名的東西，因爲它的條件是人類永遠無法了解和實現的，因此必然會遭到人們的漠視或抵制。

如果普遍的社會存在於他處，而不存在於哲學家的理論中，那麼，正如我曾經說過的，它將是一個有道德的實體，具有它與那些構成它的個別成員的品質迥然不同的特殊品質；這有點像化學中的化合物：它的特性與那些構成它的混合物中的任何一種混合物的特性都毫不相同。很可能有一種由大自然教給人們通用的語言，作爲他們互相交往的第一個工具；也很可能有一種使所有各部分得以互相溝通的共同的神經中樞。公眾的幸福或苦難，並不是個人的幸福或苦難簡單地加在一起的總和；它存在於把人們結合在一起的紐帶中，它大於這個總和；不僅不是公眾的福祉建立在個人的幸福上，反而是公眾的福祉才能成爲個人幸福的源泉。」[5]

有些人認爲：在獨立狀態中，爲了我們自己的利益，理性將使我們齊心協力爲共同的幸福而努力；這種看法是錯誤的。因爲，個人的利益不僅不能與大家的利益相結合，而且，在事物的自然秩序中，它們反而是互相排斥的。社會的法規是一種枷鎖，每個人都想把這副枷鎖加之於別人，而不加之於自己。被賢者所蒙蔽的獨立人說：「我感到我在人類當中老是擔驚受怕和惶惶不安。所以，要麼就是我遭遇不幸，否則就是我使別人不幸。誰也不如我自己愛我自己。」[6]他還可以補充說：「即使我願意把我的利益和別人的利益協調起來，那也是枉然的。關於社會法規的好處，你對我講的那番話是講得很好的，但必須是：在我規規矩矩地遵守社會法規的時候，別人對我也嚴格遵守社會的法規。然而，在這一點上，你能給我什麼保證呢？面對強者對我施加的危害，而我又不敢去從弱者身上取得補償，我的境況豈不是更糟糕嗎？你要麼就給我不受一切不公正對待的保證，否則，就別怪我不自我克制了。你別對我說什麼背離自然的法則加在我身上的義務，我也就同時失去了它給予我的權利；別對我說什麼如果我使用暴力，別人對我就有權使用暴力。眞的，我愈琢磨便愈弄不明白：我行事克制，怎麼就能保證別人不會對我施加暴行。何況與強者一起分享從弱者身上掠奪的財富，這是使強者對我有利的事，這比正義更有利於我的利益和安寧。」明智而獨立的人之所以如此推論，是基於一切主權社會都是如此推論的：它們的一切行爲都是只顧它們自己的。

對於這樣的言論，如果不用宗教信仰來加強道德觀念，不用上帝的旨意來加強人類社會的聯繫，我們能做出其他有力的回答嗎？然而，賢哲們對上帝的崇高觀念，是廣大的群眾不明白的；上帝要求我們遵循的寬厚的博愛法則，群眾是不理解的；純潔的靈魂遵循的道德（這是上帝要求我們遵循的眞正信仰）是群眾難以企及的。賢哲們向群眾講述的，都是和他們同樣冥頑不靈的神，讓他們向這種神供獻一些零零碎碎的物品，然後以神的名義盡情放縱千百種可怕的暴烈欲望。如果哲學和法律不能約束狂熱的荒謬行爲，如果人的聲音不能勝過那些冥頑不靈的神的聲音，那麼，整個地球就會遍地血流成河，人類不久就會完全毀滅。

的確，既然有關偉大的上帝和自然法則的觀念是人們心中固有的，那麼，大肆宣揚這兩者，就是多餘的事了，就等於是拿我們已經知道的東西來教我們了；人們在這方面採取的做法，反而會使人忘掉它們。如果它們不是人們心中固有的，那麼，凡是上帝不曾賦予過這兩者的人，就用不著知道它們。如果爲了讓人們知道它們便需要施行一些特殊的教育，那麼，每個民族都有他們唯一適合他們自己的良好的教育，然而由此產生的結果是彼此相殘，而不是和諧與安寧。

因此，讓我們把各種宗教的教條都拋到一邊，因爲，雖說運用那些教條可以使人少犯罪行，但因濫用它們而造成的罪行，也同樣的多。現在，讓哲學家去研究這個被神學家們總是往不利於人類的方面解說的問題吧。

可是，哲學家卻推三推四，讓我們去請教唯一能在這方面發表決定性意見的人類本身，因爲全體的最大幸福是人類唯一的追求。他告訴我：個人應當去請教於公意，才能確切知道如何做人、如何做公民、如何做臣民、如何爲人父和如何爲人子以及什麼時候該生與什麼時候該死。「我當然知道這是我應當請教的法則，」我們的獨立人說道：「可是我還沒有看出我必須服從這條法則的理由。問題不在於教我什麼是正義，而在於向我指出爲人公正有什麼好處。」的確，如果公意在每一個人的心中都是一種完全合乎理性的法則，能在人的欲望沉寂的時候推知他向他的同類可以要求些什麼以及他的同類可以向他要求些什麼，那就好了，那就誰也沒有異議了。不過，到哪裡去找這麼一個能這樣擺脫他自身利益的人呢？既然關心他自己的生存是天性的第一條準則，那麼，我們怎能強迫他這樣對待他的同類，從而承擔那些與他個人的生存毫無關係的義務呢？前面提到的那些反對的理由不是依然存在嗎？他不是依然不明白他個人的利益何以會要求他服從公意嗎？

還有，雖說按照這個思路來概括自己的觀念的思想方法，是人類的理解力最感困難和遲遲不見功效的方法之一，難道一般的平民百姓就永遠不能從這種推理方法中推導出他們的行爲準則嗎？當一個用心良好的人就某一個個別行爲去求教公意時，儘管他在準則的理解和運用上已經犯了許多錯誤，他不也依然認爲他是在服從法律而實際是在按照他自己的想法行事嗎？他應當怎麼做，才能保證他不犯錯誤呢？聽從他內心的聲音嗎？然而人們說內心的聲音只不過是他在社會生活中養成的推理習慣和感覺習慣所形成的，而且還有它自己的法則，所以不能用它來確定一個人的行爲準則，何況在他的心中根本就不可能產生任何一種高於良知的激情來維護他微弱的聲音，從而使哲學家們不再認爲這種聲音是不存在的。讓他去查考成文法的條文和各民族的社會行爲與人類的敵人默許的習慣做法嗎？這樣，我們便又回到了最初的難題。可見，只有從在我們之間已經建立的社會秩序中才能推導出我們嚮往的社會秩序。我們應當根據我們的特殊社會來設想我們的普遍社會；根據小共和國的建立來設想大共和國。只有在成爲公民之後，我們才眞正開始成爲人。根據這個道理，我們對那些所謂的以全球爲家的人應當抱怎樣的看法，就很清楚了。他們自稱愛人類就是愛祖國；他們吹噓他們愛所有的人，而實際上他們對誰也不愛。

我們在這方面提出的論點，是有確切的事實證明的。只要稍許追溯一下遠古的年代，就可很容易地發現有關自然權利的正確觀念和所有一切人都共有的博愛觀念，是很晚才開始傳播的；它們在世界上的進展是如此之緩慢，以致，只是在基督教出現之後，才大爲普及。我們還發現，按照查士丁尼[7]制定的法律，古代的暴力行爲在許多方面都是被允許的，不僅對已經被宣布爲敵人的人可以行使暴力，而且對一切不是帝國的臣民也可行使暴力；可見羅馬人的人道主義並未在他們所統轄的地區之外施行。

的確，正如格勞秀斯所說的，長期以來人們一直認爲偷盜、搶劫、虐待外邦人，尤其是虐待野蠻人，甚至把他們降爲奴隸，都是被允許的。那時候，見到一個不相識的人，即使你直截了當地問他是不是匪徒或海盜，他也不認爲你冒犯了他，因爲那時候當匪徒或海盜，不僅不丟人，反而是一種很體面的營生。遠古時候的英雄，如赫居里士和德修斯[8]，儘管曾剷除強盜，但他們自己也在幹強盜的勾當。希臘人往往把不處於交戰狀態的人民之間訂立的條約稱爲「和平條約」。在有幾個古代民族中，「陌生人」與「敵人」是同義語；甚至在拉丁人中也是如此，西塞羅說：「我們過去所說的陌生人，現在被稱爲異邦人了。」由此可見，霍布斯的錯誤，不在於他認爲獨立的和已經變得可群聚而居的人與人之間的經常狀態是戰爭狀態，而在於他認爲這是人類的自然狀態；他認爲這種狀態是罪惡的原因，而實際上它是罪惡的結果。

不過，儘管人與人之間沒有自然的和普遍的社會，儘管人在變得可群聚而居的同時也變得不幸和邪惡，儘管正義與平等的法則在那些在自然狀態中享受著自由而在社會狀態中受制於各種需要的人看來已成空話，但我們絕不可因此便認爲我們既沒有道德也沒有幸福了，絕不可認爲上天已經使我們墜入無可救藥的人類墮落的深淵了；我們應當努力從苦難的本身中找到能挽救我們的良方。讓我們，如果可能的話，用新的社會形式去匡正普遍社會的缺點。願那位言辭激烈的提問人[9]去親眼看看這樣做的效果。讓我們用完善的辦法向他展示如何補救當初的辦法給天性造成的創傷，並向他指出他所說的幸福的狀態是不幸福的，他認爲是無懈可擊的理論是錯誤的。但願他在事物的美好組合中領悟到良好行爲的價値，領悟到壞行爲將受懲罰，領悟到正義和幸福是相輔相成的。讓我們用新的光輝開啓他的理智，用新的感情溫暖他的心；願他在與他的同胞分享寧靜和幸福的過程中更加寧靜和幸福。如果我這番熱忱在這件事情上沒有使我盲目行事的話，我們就絕不要懷疑這個人類的敵人有一顆堅強的心和一副正確的頭腦，最終一定會拋棄他的仇恨和錯誤，使他誤入歧途的理智最終回到人道主義上。願他寧要眞正的利益而不要表面的利益；願他爲人善良，厲行美德和心地仁慈；總而言之一句話，願他從一個凶惡的強盜變成一個秩序良好的社會的最堅強的支柱。

◆註釋◆

【1】參見本書譯者前言第三部分。——譯者

【2】盧梭在《愛彌兒》第四卷中說：「人之所以合群，是由於他的身體柔弱；我們之所以心愛人類，是由於我們有共同的苦難。如果我們不是人，我們對人類就沒有任何責任了。對人的依賴，就是力量不足的表徵；如果每一個人都不需要別人的說明，我們根本就不想和別人聯合。……由此可見，我們之所以愛我們的同類，與其說是由於我們感到他們的快樂，不如說是由於我們感到他們的痛苦，因為在痛苦中，我們才能更好地看出我們天性的一致，看出他們對我們愛的保證。如果我們共同的需要能透過利益把我們聯繫在一起，則我們的共同的苦難可透過感情把我們聯繫在一起。」（盧梭：《愛彌兒》，李平漚譯，商務印書館，二〇〇七年版，上卷，第三〇三頁）——譯者

【3】指政治結合即社會。——譯者

【4】方括號中的這段話，在手稿中被刪去。——譯者

【5】方括號中的這兩段話，在原稿中被刪去了。——譯者

【6】這段話，引自狄德羅的《自然權利》第三節。——譯者

【7】查士丁尼（四八二—五六五），東羅馬帝國皇帝（五二七—五六五在位）。——譯者

【8】赫居里士是希臘神話故事中的半人半神的大力士；德修斯是希臘神話故事中的雅典國王。——譯者

【9】「言辭激烈的提問人」指狄德羅。狄德羅在《自然權利》第五節開頭一句提的問題「我們應當如何回答那位言辭激烈的推理人，才能把他說得啞口無言呢？」中使用了「言辭激烈的」五個字，故盧梭在這裡也以「言辭激烈的」一語回敬之。——譯者

附錄二 《山中來信》第六封信（摘譯）

盧梭的《社會契約論》和《愛彌兒》一出版，就遭到日內瓦和巴黎當局的查禁。書被當眾焚毀，政教兩界和各種各樣的知名人士批評這兩本書的文章，像飛蝗似的向盧梭襲來。在眾多圍攻盧梭的文章中，以日內瓦檢察長特農香匿名發表的《鄉間來信》的論點組織得最為嚴密，其「文筆之巧妙，堪稱上乘，不愧是作者罕見的才能的不朽之作。」[1]為了反擊特農香的《鄉間來信》，盧梭寫了一本《山中來信》。他說：「首先，我要在文章的標題上與他唱對臺戲；我針鋒相對地用《山中來信》做我的文章的標題。」[2]全書共九封信，其中第六封信是專門為《社會契約論》進行辯護的。信中首先對《社會契約論》的主要論點做了一個概述，文字簡約，對《社會契約論》的內容概括得最為精練。現摘譯如下，供讀者參考。

我的兩本書[3]遭到了同樣的指摘，並同時被當眾焚毀。可是在這兩本書中，只有一本是論述政治權利和政府的運作。雖說那一本書[4]也談論這兩個問題。但通篇也只不過是這一本書[5]的一個摘要。[6]因此我推斷，你們所指摘的是這一本書。既然你們對其中的一些說法進行指摘，你們就應當把它們向公眾全文引錄，或者，至少也要像你們針對我有關宗教的論述那樣摘錄其中幾個說得對或說得不對的觀點。

既然你們說我闡述的那一套理論是旨在破壞政府，那麼，就讓我把那一套理論陳述出來或者對全書做一個分析。如果在我的分析中顯然看不出什麼破壞性的言論，那我們就按照作者的陳述到書中去尋找，看是不是有。

不過，先生們，我所做的分析是很短的；儘管你們從我的分析中可以得出某些結論，但你們千萬別匆忙行事。現在就讓我們來一起研究，等研究完了以後，如果你們願意的話，再回過頭來下結論。

是什麼使國家成爲一個整體的？是它的成員的結合。[7]它的成員何以會結合在一起？是由於有把他們聯繫在一起的義務。這一點，大家迄今是完全同意的。

不過，請問這種義務的基礎是什麼呢？在這個問題上，學者們的意見是有分歧的。有些人[8]說是強力，另外一些人[9]又說是父權，還有一些人[10]又說是神的旨意。每個人都可以對自己提出的觀點講出一番道理，並批評別人的觀點是錯誤的。我本人也一樣，我將像那些在這個問題上發表過有益的意見的人那樣，提出我自己的看法。我的看法是：政治共同體的基礎，是它的成員們的公約。對於一切與我的看法不同的論點，我已經進行過駁斥了。

且不說我的看法是多麼地符合事實，單拿其依據的可靠性來說，就已經勝過其他人的觀點了。因爲，在人與人之間，除了承擔義務的人的自由的約定以外，還有什麼其他更可靠的基礎使他們承擔義務呢？對於其他人的觀點可以進行爭論，而對於我的觀點，是沒有什麼可爭論的。

正是由於必需要有「自由」這個條件（這個條件就包含了其他條件），所以，一切沒有這個條件的約定都是無效的，即使拿到人類的法庭上去裁判，也是無效的。因此，爲了明確這個約定的內容，我們就需要闡明它的性質，指出它的用途和目的，並證明它是適合於人的，而且與自然法毫不抵觸。我們不許以社會契約來違反自然法，不許以個別的契約來違反人爲法：正是由於有了法律，自由才能存在，從而使公約具有力量。

根據以上所說，我的結論是：社會契約是一種特殊的公約。由於有了這個公約，每一個人對所有的人都承擔了義務；反過來，所有的人也對每一個人承擔了義務。這就是成員們結合的直接目的。

我之所以說這種公約是一種特殊的公約，是由於它是絕對的、無條件的、無保留的，因此它不可能是不公正的，也不可能遭到濫用。因爲，只要整個集體都爲大家著想，共同體是不會自己傷害自己的。

我之所以說這種公約是一種特殊的公約，另一個原因是：它雖把參加公約的人都結合在一起，但它不使他們受任何一個個人的奴役；[11]儘管它把他們唯一的意志作爲法規加之於全體訂約者，但它能使每一個個人和以往一樣的自由。[12]

由此可見，全體的意志就是秩序，就是最高的法規。這個普遍的和人格化的法規，我稱之爲主權者。

因此，主權是不可分割的、不可轉讓的，[13]它實質上存在於共同體的全體成員。不過，這個抽象的集體如何行動呢？它透過法律而行動；除此以外，它就沒有其他的行動辦法。

什麼叫法律？法律是公意對一個涉及共同利益的事物的莊嚴的公開宣告。我說的是「涉及共同利益的事物」，因爲，如果該事物不是與所有的成員都有關係，則法律將失去它的力量，而且是不合理的。

從性質上說，法律是不能針對個別的對象而訂立的，但它卻可以應用於個別的對象。立法權應掌握在主權者手裡，但它所立的法卻需要另外一個權威來執行，也就是說，該權威可以把法律訂成個別的法令。這個執行法律的權威的存在，其目的就是在執行法律，而且只能是執行法律。爲此，就需要建立一個政府。

什麼叫政府？政府是在屬民與主權者之間建立的一個中間體，它的目的是使這兩者互相適應，並負責法律的執行和保障公民與政治的自由。

作爲政治共同體的一個組成部分，政府應表達組建它的公意；但就政府本身來說，它也有它自己的意志。這兩種意志有時候是協調一致的，有時候又是互相衝突的。正是在這既協調一致又互相衝突的關係中，整個機器才能運作。

不同形式的政府的組建原則，取決於組成政府的人員的數目。人數愈少，政府便愈有力量；人數愈多，則政府便愈弱。由於主權總傾向於愈來愈鬆弛，所以政府的勢力將愈來愈加強，其結果，行政機構將逐漸逐漸地凌駕於立法機構之上，最後，到法律聽命於人的時候，就只剩下奴隸和主人了，而國家也就被摧毀了。

在國家被摧毀以前，政府將自然而然地改變其形式；組成政府的人數將逐步由多變少。就政府可能採取的形式而言，主要有三種。把這三種形式的政府的優缺點加以比較以後，我傾向於選擇介於兩個極端之間的那一種，即貴族制政府。[14]必須記住的是：國家的組成和政府的組建，是兩種截然不同的事物，我從來沒有把它們混爲一談過。在三種政府當中，最好的形式是貴族制政府，但就主權而言，最糟糕不過的是由貴族掌握主權。

根據這些論點，人們就可以推導出我在政府蛻化的方式上以及延緩政治共同體的毀滅的方法上將發表些什麼意見了。

最後，在《社會契約論》的最後一卷，我以歷史上曾經存在過的最好的政府即羅馬的政府爲例，論述了最有利於建立國家良好體制的方法；接著，在卷末和全書的結尾部分指出宗教不僅能夠而且應當作爲一個合法的組成部分納入政治共同體。

各位先生，你們讀了我對《社會契約論》所做的這個簡短而忠實的分析以後，有何感想？你們的感想，我是猜得出來的。你們將眾口一詞地說：「盧梭講述的，就是日內瓦政府的情形嘛。」其實，這個話，凡是了解你們政治制度的讀者，讀了《社會契約論》以後，都這麼說過了。[15]

◆註釋◆

【1】盧梭：《懺悔錄》，第十二卷，巴黎《袖珍叢書》，一九七二年版，下卷，第四一一頁。——譯者

【2】同前。——譯者

【3】指《社會契約論》和《愛彌兒》。——譯者

【4】指《愛彌兒》。——譯者

【5】指《社會契約論》。——譯者

【6】這個「摘要」見盧梭《愛彌兒》中的那篇〈遊歷〉。這篇〈遊歷〉的大部分內容是經過精簡的《社會契約論》的脫摘要，不僅文字暢曉，以簡明的詞句闡述了《社會契約論》中的一些艱深的義理，而更重要的是，他針對書中陳述的原理，用提問的方式啓發人們對許多政治問題進行深入的思考。（見盧梭：《愛彌兒》，李平漚譯，商務印書館，二〇〇七年版，下卷，第六九〇—七二三頁）——譯者

【7】「國家或城邦只不過是一個道德人格，它的生命在於它的成員的結合。」（《社會契約論》，第二卷，第四章）——譯者

【8】參見《社會契約論》，第一卷，第三章。——譯者

【9】參見《社會契約論》，第一卷，第二章。——譯者

【10】指博絮埃等人。——譯者

【11】「每個人都是把自己奉獻給全體，而不是奉獻給任何一個個人。」（見《社會契約論》，第一卷，第六章，第二十頁）——譯者

【12】「每一個在這種結合形式下與全體相聯合的人所服從的，只不過是他本人，而且和以往一樣的自由。」（見《社會契約論》，第一卷，第六章，第十九頁）——譯者

【13】這句話，正好是《社會契約論》第二卷第一和第二章的標題。——譯者

【14】在政府的形式方面，盧梭是傾向於選舉而又不世襲的貴族制政府的。（參見《社會契約論》，第三卷，第五章）——譯者

【15】一七六二年六月十五日，有一個名叫莫爾杜的人寫信告訴盧梭：「我們城中（指日內瓦。——引者注）的有產者說《社會契約論》是他們獲得自由的武器。雖然一小部分人把它燒了，但大多數人卻揚揚得意。」（參見雷蒙·特魯松：《盧梭傳》，李平漚、何三雅譯，商務印書館，一九九八年版，第二九五頁）——譯者

後記

《社會契約論》這本書，最初譯作《民約通義》，後來譯作《民約論》。自一八九八年（清光緒二十四年）傳入我國，至今已百有餘年矣。原書義理深邃，譯者學力有限，雖努力從事，譯文亦難期盡善。不妥之處，深望廣大讀者不吝指正。

此次譯這本書，採用的是巴黎嘉尼埃弗拉瑪尼翁（Garnier-Flammarion）出版社一九六六年的版本。在翻譯過程中，參照巴黎勒內・伊爾絮姆（René Hilsum）出版社一九三三年出的本子和伽里瑪（Gallimard）出版社一九六四年版《盧梭全集》第三卷中的《社會契約論》，改正了嘉尼埃弗拉瑪尼翁本中個別排印上的錯誤。

《社會契約論》是世界政治思想史上的經典著作之一，書中涉及的範圍甚廣，因此，在有些地方做了必要的注釋。這些注釋，有的採自上述法文原本，有的採自拙作《主權在民Vs「朕即國家」——解讀盧梭〈社會契約論〉》（山東人民出版社，二〇〇一年版），個別地方則隨譯文的進展，視需要而增加，以期有助於閱讀原書。

譯者在工作中，得到了許多友人的幫助，江裕佩和洛克桑・阿薩納（Roxane Ah-Sane）對我的工作的進展尤爲關心和支持。在此全書譯文告竣之際，謹誌一言，對兩位女士和所有幫助我的友人表示衷心的謝意。

李平漚

於北京對外經濟貿易大學惠新里宿舍

盧梭年表

Jean-Jacques Rousseau, 1712.6.28-1778.7.2

年代	年紀	生平紀事
一七一二年	○歲	六月二十八日生於日內瓦。父親伊薩克是鐘錶匠，和哥哥佛蘭索瓦相差七歲。七月，母親蘇珊娜．貝爾納去世後，由姑媽撫養。
一七二二年	十歲	十月，父親和退伍軍人打架，離開出生地，定居里昂。同月，盧梭被送到貝爾納舅舅家裡，後又被送往日內瓦近郊波塞的朗伯西埃牧師家中學拉丁文。哥哥離家出走，杳無音訊。
一七二五年	十三歲	在日內瓦市的馬塞隆書記官處當見習生。四月當雕刻匠杜康曼的學徒。
一七二六年	十四歲	博讀雜書，養成孤獨、幻想的習慣。三月父親再婚。
一七二八年	十六歲	三月，認識安納西的華倫夫人（Madame de Warens, 1699～1762）。四月進入義大利的杜林修道院改信天主教。六月離開修道院，當店員、僕人等工作。其中在維爾塞里斯夫人家發生的絲帶偷竊事件，成為日後執筆寫《懺悔錄》的動機之一。
一七二九年	十七歲	在安納西的神學院就讀，並在教會學校學習音樂。出版《納爾西斯》。
一七三〇年	十八歲	從里昂又回到安納西（華倫夫人此時已前往巴黎）。七月開始出外流浪。
一七三二年	二十歲	到尚貝里，在土地普查局為國王效力。
一七三三年	二十一歲	十月，成為華倫夫人的愛人（和管家、夫人形成三角關係）。
一七三六年	二十四歲	和華倫夫人住在夏梅特（此時期成為盧梭回憶中最珍貴的幸福生活）。
一七三七年	二十五歲	六月，因化學實驗不慎發生爆炸，幾近失明。九月為療養而前往蒙彼利埃，途中，遇見拉爾納日夫人產生一段熾熱的愛戀。
一七四二年	三十歲	七月，為迎接新生活，離開華倫夫人，到巴黎定居。此時期認識狄德羅，開始出入貴族社交圈。

一七四三年	三十一歲	一月，出版《論現代音樂》。春天，認識杜賓夫人和她的兒子法蘭古，一起學習化學。開始寫歌劇《風流的繆斯》。
一七四五年	三十三歲	三月，和出生於奧爾良，年方二十三歲的黛萊絲（一七二一～一八〇一）生活在一起。七月完成歌劇《風流的繆斯》。受伏爾泰與拉摩之請，修正《納瓦爾公主》，改寫成《拉米爾的慶祝會》。
一七四六年	三十四歲	認識埃皮奈夫人。冬天，第一個孩子出生，送往育嬰堂。之後連續五個孩子也都送往育嬰堂，種下終生苦惱的原因。
一七四七年	三十五歲	五月，父親逝世。
一七四八年	三十六歲	經埃皮奈夫人介紹而認識了貝勒加爾德小姐（後來的烏德托伯爵夫人），主宰了盧梭後來的命運。和狄德羅共同策畫出版定期雜誌《嘲笑者》，但只出版盧梭編輯的第一冊即告停刊。
一七四九年	三十七歲	為《百科詞典》撰寫音樂詞條。
一七五〇年	三十八歲	七月，《論科學與藝術》入選，一舉成名。年底，經狄德羅多方奔走，日內瓦的巴里約書店出版了本書。
一七五二年	四十歲	十月，《鄉村巫師》上演，大獲成功。十二月，在法蘭西劇院上演年輕時的作品《納爾西斯》（或名《自戀者》），卻反應不佳。
一七五三年	四十一歲	盧梭寫〈論法國音樂的信〉，指責法國音樂，而讚美義大利歌劇，和狄德羅等人揭開「小丑會戰」的序幕。後來人們對盧梭產生反感，拒絕他進入歌劇院。
一七五五年	四十三歲	四月，出版《論不平等》（全名是《論人與人之間不平等的起因和基礎」》）。九月，在狄德羅的《百科全書》第五卷發表《論政治經濟學》。

一七五六年	四十四歲	四月，與黛萊絲同赴埃皮奈夫人的「舍夫雷特」居住。五月，完成聖皮爾神父的《永久的和平》、《多部委制》之摘編。對於伏爾泰的《里斯本大災難詠》中，歸咎上帝論的言詞感到氣憤，雖去信回覆，但兩人已開始對立。
一七五七年	四十五歲	愛戀烏德托夫人。三月，為狄德羅的著作《私生子》中的一句話起爭執，後來和解。開始寫《新愛洛伊絲》。十一月，讀了《百科全書》第七卷的日內瓦詞條後，撰文駁斥。
一七五八年	四十六歲	伏爾泰公開表示對盧梭的反感。和狄德羅形成絕交的狀態。出版《就戲劇問題致達朗貝爾的信》。從這個時期，開始執筆《民約論》。
一七五九年	四十七歲	完成《愛彌兒》第五卷。
一七六〇年	四十八歲	十月，完成《愛彌兒》。年底完成《民約論》草稿。
一七六一年	四十九歲	一月，出版代表作之一的長篇小說《新愛洛伊絲》（*La Nouvelle Héloise*，又名《茱麗》）。三月，出版聖皮爾神父的《永久的和平》。十月，開始在巴黎印刷《愛彌兒》。十一月，《愛彌兒》的校對延遲，懷疑原稿被偷，精神呈現錯亂狀態。十二月，荷蘭的雷依書店要求盧梭寫《著作集》用的自傳。是年，《民約論》初稿完成。
一七六二年	五十歲	一月，寫《致馬律澤爾布的四封信》，是重要的自傳性作品之一。四月初，由雷依書店出版《民約論》。六月，被索爾邦神學院告發，巴黎高等法院判定有罪，下令逮捕，盧梭展開八年的逃亡生活。日內瓦境內焚燒《愛彌兒》和《民約論》，同時也下達逮捕令。七月，伯恩政府下令驅逐盧梭，離開凡爾登，抵達普魯士的納沙泰爾邦，受到蘇格蘭貴族喬治·凱特總督的保護。請求普魯士國王腓特烈二世准許他在其領地莫蒂埃過隱居生活。七月，華倫夫人逝世。八月，得到普魯士國王的許可。

一七六三年	五十一歲	總檢察官特農香發表《鄉間來信》，用以反駁盧梭。
一七六四年	五十二歲	十月，針對《鄉間來信》發表《山中來信》。十二月，伏爾泰發表匿名小冊《市民所感》，誹謗盧梭，揭穿他遺棄孩子的醜事。
一七六五年	五十三歲	二月，《山中來信》為日內瓦所禁。三月，巴黎焚毀《山中來信》。九月，受到村民的石頭攻擊，遷居聖彼埃爾島。據盧梭回憶，在這裡的生活，是他一生中最快樂的時光，在絕筆《一個孤獨的散步者的夢》中有深刻的描述。十月，伯恩市議會下達驅逐令，英國哲學家休謨勸他去英國。
一七六六年	五十四歲	一月，和休謨前往英國。三月，在烏頓執筆《懺悔錄》。六～七月，與休謨失和。這一年，伏爾泰散發誹謗盧梭的手冊。從這時開始，盧梭患上嚴重的被害妄想症。
一七六八年	五十六歲	八月與黛萊絲正式結婚。
一七七〇年	五十八歲	六月，在巴黎普拉托里亞街（現今盧梭街）定居。
一七七一年	五十九歲	二月，在瑞典皇太子前朗讀《懺悔錄》。下半年執筆《論波蘭政府》。
一七七二年	六十歲	四月，完成《論波蘭政府》。開始寫分析自己的書《盧梭審判尚－雅克：對話錄》。
一七七五年	六十三歲	十月，盧梭的歌劇《比哥曼儂》上演，非常成功。年底完成《對話錄》。
一七七六年	六十四歲	秋，開始寫絕筆《一個孤獨的散步者的夢》。
一七七八年	六十六歲	伏爾泰應邀前往巴黎，因疲勞而病倒，這位盧梭的勁敵於四月三十日逝世。五月，將《對話錄》的原稿，以及包括《懺悔錄》在內的各種原稿託老友保管。七月二日，盧梭因腦溢血逝世，遺體葬於埃默農維爾公園的白楊島上。
一七九四年		十月十一日，革命政府把盧梭的遺體從白楊島移至先賢祠，葬於伏爾泰之旁。

經典名著文庫 106

社會契約論

Du contrat social ou Principes du droit politique

文庫策劃 — 楊榮川
作　　者 — 讓 - 雅克・盧梭（Jean-Jacques Rousseau）
譯　　者 — 李平漚
編輯主編 — 蘇美嬌
特約編輯 — 張碧娟
封面設計 — 姚孝慈
著者繪像 — 莊河源
出 版 者 — 五南圖書出版股份有限公司
發 行 人 — 楊榮川
總 經 理 — 楊士清
總 編 輯 — 楊秀麗
地　　址 — 臺北市大安區 106 和平東路二段 339 號 4 樓
電　　話 — 02-27055066（代表號）
傳　　眞 — 02-27066100
劃撥帳號 — 01068953
戶　　名 — 五南圖書出版股份有限公司
網　　址 — https://www.wunan.com.tw
電子郵件 — wunan@wunan.com.tw
法律顧問 — 林勝安律師
出版日期 — 2021 年 6 月初版一刷
2024 年 12 月初版三刷
定　　價 — 360 元

國家圖書館出版品預行編目資料

社會契約論 / 讓-雅克·盧梭（Jean-Jacques Rousseau）著，李平漚譯. -- 初版. -- 臺北市： 五南圖書出版股份有限公司，2021.06
面；公分
譯　自：Du contrat social ou Principes du droit politique
ISBN 978-957-763-705-5（平裝）

1. 盧梭（Rousseau, Jean-Jacques, 1712-1778）
2. 學術思想　3. 西洋哲學

146.42　　108016494